デューラー「メランコリア」(1514年)

生と死の講話

マルティン・ルター

生と死の講話

金子晴勇訳

知泉書館

目次

目　次

目　次

訳者まえがき

一般にはマルティン・ルターはヨーロッパの一六世紀に活躍した宗教改革の指導者として知られています。彼は近代の初頭にあって、歴史を大きく転換させた人物として高く評価されています。したがってルターの歴史的な行動と時代を変革した思想はこれまで主に改革的文書を中心に解明されてきました。しかし、彼の思想の原点は聖書の解釈に求めなければなりません。というのは彼は歴史的な英雄となるまえに、大学で日々聖書を研究していた聖書学者であったからです。ところが、大学の教師となるまえの青年時代に生と死についての深刻な経験をもったことを忘れてはなりません。そこで彼の生涯のことを少しお話してみましょう。

ルターは一四八三年にドイツの田舎町アイスレーベンに生まれました。彼は今日でもその美しい中世の面影を残している小都市アイゼナッハで教育を受け、当時ノミナリズムの新学風で有名であったエルフルト大学に進みました。ところが大学三年生のころ専門の法学部に入ったばかりなのに、心に不安を覚えて、郷里の両親のもとを訪ね、その帰路エルフルトの近くにあったシュトッテルンハイムの近郊で落雷に撃たれ、死に直面するという出来事を経験します。そのとき危難聖人アンナの名を呼んで、救助を求めました。これは当時習慣となっていた「苦しいときの神頼み」にすぎなかったのですが、彼はその約束を忠実にまもって、修道士となる誓願を立てエルフルトにあるアウグスティヌス派の修道院に入りました。約束を律儀に守るというところに、彼が「良心」の人であることがよく表われています。彼は修道院での教育を終えてから、新設のヴィッテンベルク大学の教授となり、聖書学を講じました。そして一五一七年に免罪符乱売を批判して抗議書「九五箇条の提題」を公表し、宗教改革に突入しました。彼の思想の核心部分は信仰によってのみ救われるという「信仰義認論」であって、この教えを中心にしてプロテスタント教会の教義と制度を創設しました。

1　落雷における死の経験

先に述べた一五〇五年七月シュトッテルンハイム近郊で彼が稲妻をともなった激しい雷雨に打たれたのは「死の経験」でした。これについてルター自身『卓上語録』で語っていますが、『ラトムス論駁』の序文で彼がこの死の経験を回顧して父に語っている言葉が重要です。そのなかで「わたしは好んでまた憧れからではなく、突然に死の恐怖と苦悶にとりかこまれて、自発的でない強制的な誓約を立てた」（ワイマル版全集第八巻、五七三頁）と語っています。ここに示されているようにルターの宗教生活の発端は死の恐怖でした。ですから、この問題は修道院に入ってからも変わることなく、次第に彼自身の内的危機として深まっていき、死はたんなる身体的な自然死を越えて、罪の意識と密接に関係したものと理解されるようになり、死は生きる意味の喪失という霊的な意味で捉えられるようになりました。こうして死は「死の恐怖と苦悶」となって彼を圧倒したのです。

ここで青年と死との関連について考えてみましょう。青年時代は自我と社会との関係でアイデンティティの危機に見舞われる場合が多いのではないでしょうか。社会から切り離された孤独な自我は深夜ともなると周囲世界との関係から切断されて、時間・空間の意識が狭まっていき、ついには底なき無の深淵に転落することになります。こういう経験はルターの「死の恐怖と苦悶」に通じているように思われます。世界が狭くなって息もできなくなると、この「狭さ」から「不安」が芽生えてきます。不安をかかえている人は何をしてもうまくいきません。そこでついには絶望に襲われることになります。若いときに感じるこうした危機こそルターが経験したものであって、新しい宗教的認識が生まれる、そのときに認識の根底に潜んでいる事態であるといえましょう。

2　ヴォルムスの国会における死の宣告

ところで宗教改革の最大の山場は一五二一年に開催されたヴォルムスの帝国議会でした。この会場で彼はいたるところで彼を亡き者としようとする死のただ中におかれていました。彼は皇帝や諸侯の居並ぶなかで自著の撤回を拒否して、「わたしはここに立っています。わたしはほかになし得ません」（Hier stehe ich, ich kann nicht anders）と語ったのでした。この有名になった言葉は公の文書には記録されておらず、当時流布していたパンフレットの表紙に記されていたのです。国会の議事録には次のような発言が記録されています。「もしわたしが聖書の証明によって、あるいは明白な理由によって反駁されるのでないなら、わたしは取り消すことができません。わたしは自分が引用した聖書の論証によって説きふせられたのです。そしてわたしの良心は神の言葉に縛られているのです。わたしは取り消すことができないし、またそうしようとも思いません。

なぜなら、自分の良心に反して行動することは、危険であるし、正しくもないからです。神よ、わたしを助けたまえ。アーメン」（ワイマル版全集第七巻、八三八頁）。国会の判決により生命の保護が奪われ、彼は完全に死にわたされることになりました。

3　生のさ中での死の経験

ルターは自分自身の内面的な生活においても、外面的な世俗の世界においてもいたるところで生が「死に取りかこまれている」ことを経験しました。

ところで、わたしたちはたいてい感覚的な快楽を追求しており、世俗的な幸福を求めてやまないのです。しかし、この快楽は決して満ち足りるということのない「悪無限」であると言われるように、充実感に欠けており、いろいろと試みてもただ挫折のみが感じられ、絶望し、死を望むようになります。このことはデューラーの「メランコリア」を参照するとてもよくわかります。

この作品は一五一四年の作で、デューラーがこれを描いていたころルターは大学教授として詩編の講義を行なっており、そのときちょうど彼に新しい宗教改革的認識が開かれてきていました。実際、この作品は当時の人びとの精神状況の実質を、もちろんルターとは異質な環境にあったとはいえ、その精神における根源の共通性をよく表わしています。この絵の中央には暗い憂愁の気分と絶望的な懐疑のうちに沈んだ一人の女性がいます。この女性の周りにはさまざまな機械や道具が置かれているとともに、天に向かって超越する象徴として背景に塔が立っています。それらを一つ一つ調べてみると、ルネサンスのあの高揚した精神、その典型である万能人が、自己の知力と技術をことごとく発揮して製作に従事していったその極限において、厳しい限界状況に突きあたり、人間としての無力を根底から味わい尽くして、絶望の淵に佇んでいる姿がいともあざやかに描かれています。とりわけ天使の姿をした女性に目を向けると、周囲に散在する球体と多面体のなかにあって無頓着にも動物が眠り込んでいるのと対照的に、その目はかっと見開かれています。彼女の目は自己の無力感に沈みながらも、なお探求衝動が対象世界から転じて自己の内面に向かい、心の深みへと沈み込んでいるようです。当時高揚していたルネサンスの精神は無限を求めて発展してきましたが、人間は成人するに及んで自己の知識と能力の限界を自覚し、挫折していることがここに描かれているのではないでしょうか。

この構図の中ではるか彼方の上の方に海と下町が眺望され、その上に虹がかかって、ノアに与えた神の約束を象徴するかのようです。だが、それよりもさらにずっと遠い天空に彗星がきらめき、天における異変を知らせています。コウモリの姿をしたメランコリアはこの光の火矢によって射られて追放されるかのように退散していきます。最後に示された天空の出来事がもっとも重要です。人間の限界と行動の無意味さが極みに達したとき、憂愁のうちに人は沈むのですが、この憂愁から人間はどのようにもがいても自力で脱出できないのです。ただ天からの関与によってのみ人は憂愁から脱することができます。

デューラーはルターの教え、人間が信仰によって救われるということを聞いたとき、ルターに会って「わたしを大いなる不安から救いだしたキリスト者の永遠の記念碑」としてルターの肖像を刻みたいと願ったそうです。実際、デューラーの作品「メランコリア」がルターの心中を察知して、それを描いたような多くの類似性を示していることは驚くべきことです。

それゆえ、スイスの中世都市ザンクト・ガレンで作られた讃美歌の一節には「生のさ中にあって、われらは死に囲まる。恵みを得るため、援けたもう誰をか求めん」と歌われています。

4　死のただ中での生の発見

しかし、ルターの信仰経験はこの歌のことばとは正反対でした。彼は「死のさ中にあって、われらは生に囲まれる」と主張しました。それは彼が、神の恵みを求め、その心や良心が神のことばに繋がっていることを発見したからです。良心は心の深み、つまり最内奥にある奥の院であって、霊性を意味し、人はここで神と出会うことができます。ルターによると神は律法と福音という二つの教えによってわたしたちに呼びかけています。

「律法の声は『生のさ中にあってわたしたちは死のうちにある』と安心しきった者たちに不吉な歌をうたって戦慄させる。しかし、他方、福音の声は『死のさ中にあってわたしたちは生のうちにある』と歌って力づける」（ワイマル版全集第四〇巻、第Ⅱ部、四九六頁＝本書二一五頁）。

詩編に「死からのがれ得るのは主なる神による」（詩編六八・二〇）という言葉があります。死に閉ざされた窮地こそルターの宗教生活の出発点であったのですが、死の試練のさ中にあって彼は恵みの神を見いだしたのです。神の生命の庇護により彼の良心がかくまわれていることを見いだしたのです。それゆえに彼は「わたしは死ぬことなく生きながらえて、主のみわざを物語るであろう」（詩編一一八・一七）と歌うことができました。

それではルターは「死」をどのようにイメージしていたのでしょうか。死は擬人化された魔王サタンの姿をもって考えられていました。そこには『死の準備についての説教』で繰り返し叙述されるように「死・地獄・悪魔」が対になって出てきます。彼は悪魔について神学的に考察したり、歴史上の対抗勢力にその化身を見たりしています。魔王の配下である死は悪魔を手下としているように描かれています。この点はデューラーが成熟期に描いた代表作といわれる銅版画「騎士と死と悪魔」（一五一三年）によく表われています。「死」は白い衣服をまとい、醜悪な顔をし、砂時計をかざして騎士を脅かしています。一方の馬は痩せて下向きにあえいでおり、騎士に向かって死期を知らせる砂時計を見せて脅迫しているのに、騎士は少しも動揺していません。この悪魔はもはや騎士の敵ではないのです。「騎士」の姿は、強くてたくましい。目には生き生きとした力と光があって、人生を戦いぬき、信仰を武器として死と悪魔を恐れることなく、堂々とした歩みをしています。彼が乗っている馬も力強く描かれ、彫像的になっていてすばらしい。騎士的信仰の英雄に対し死と悪魔は無力となり、まことにみすぼらしい。騎士は髑髏が転がりトカゲが這う死の陰の谷をとおって天の城を目ざして歩んでいます。バニヤンの『天路歴程』のクリスチャンのようです。宗教改革時代の信仰がここに見事に表現されているといえましょう。こんな悪魔ならばルターがインクびんを投げつければ、逃げだすであろうと想像されます。当時の人びとは悪魔が跳梁する有様を好んで描きました。たとえば「死の技術」の木版画の中にも魑魅魍魎が跋扈する様子が多く描かれています。だが、ルターが対決している悪魔はこのような者でしょうか。それは魔王サタンなのです。これとの戦いの中から彼の思想は形成されました。

ルターは信仰によって死と戦い、新しい生を確立しました。これはわたしたちにとって優れた模範といえるでしょう。

本書はルターの晩年に属する作品と初期の説教から成っています。前者は大学において行なわれた公開講義であるため、一般の人たちにも親しめる思想が展開しています。しかも人間の生と死をめぐる実存的な問題が中心となっていて、彼の思想の核心に迫るものです。

終りに本書を訳出する直接の動機となったことがらを付記しておきましょう。それは日本のキリスト教界の指導者であった石原謙先生がこの詩編講話を読まれ、文字どおり「死の試練」を戦いぬかれ、死のきわにいたるまで手離されず、宗教改革者と同じ信仰に立って生涯をまっとうされた生ける事実です。先生の絶筆となった文章には詩編講話について次のように語られています。「この講解では、死のうちにおいて生の信仰に達せられること、キリストの死が復活の信仰をもたらし、永遠の生命が死からわき出ることを説いており、我々のよわい信仰を圧倒し、キリストの死にあずかって永遠の生命に達したいと切望させるものである」(「キリスト新聞」昭和五一年八月七日）と。先生は本書に加えられている「死への準備についての説教」を翻訳されております（『マリアの讃歌』岩波文庫に所収）。またわたしの恩師である武藤一雄先生はこの詩編講話から「ルターとドイツ神秘主義」という優れた研究を公表されました（上田閑照編『ドイツ神秘主義の研究』創文社、所収論文）。さらにわたしが所属する井草教会の牧師であった熊澤義宣先生は「神学的死生学試論」を立案されました（熊澤義宣『キリスト教死生学論集』教文館、所収論文）。そのほかでもここから多くの学術論文が今日生まれております。

本書の中の詩編九〇編の講解は今から二八年前に創文社から出版されたものです。そのさい現在の知泉書館の社長である小山光夫氏がテープに吹き込んだ訳を起こしてくださいました。そのような献身的なご援助をいただいた本書が再度小山氏の手を煩わせて出版できることはまことに喜ばしいことです。今では古くなった表現を修正し、いっそう読みやすいように改訂しました。

二〇〇七年六月一日

金　子　晴　勇

生と死の講話

詩編九〇編の講話

一五三四年ヴィッテンベルク大学において神学博士マルティン・ルターにより一般に公開されて語られた詩編九〇編の講解

モーセの祈り

一　主よ、あなたはわたしたちにとり、
世々にわたって住処であらせられる。
二　山々が生まれ地と世界とが創られる以前に、
神よ、あなたは、
とこしえからとこしえまでいましたもう。
三　あなたは人を死にいたらせ、
「人の子よ帰れ」と言いたもう。
四　まことに、あなたの前には千年も過ぎ去った
昨日の一日のごとく、夜警の一ときに等しい。
五　あなたは彼らに大水を流します、
彼らは眠りであり、すぐに枯れる草のようです。
六　朝に花を咲かせても、夕べには移ろい、

切り取られて、枯れる。

七 あなたの怒りによってわたしたちは消え失せ、
あなたの憤りによって脅かされるから。

八 あなたはわたしたちの不義をみ前におき、
わたしたちの隠れた罪をみ顔の光の中におかれた。

九 わたしたちのすべての日は、
あなたの怒りのうちに消え去り、
わたしたちの年の終わるのは言葉のようである。

十 わたしたちの齢は七十歳、長くて八十歳にしても、
その最善のものは、苦悩と疲労であって、
年月は速やかに過ぎゆき、わたしたちもまた飛び去る。

十一 誰があなたの怒りの力を知り、
誰があなたの憤りを恐れるのか。

十二 わたしたちの日の数を知るように教えて、
知恵の心によって歩ませてください。

十三　主よ、帰りたまえ、ああ何時まで。
　　　あなたの僕らをあわれみたまえ。
十四　朝にあなたのあわれみをもって飽きたらせ、
　　　この世を終わるまで喜び楽しませてください。
十五　永く続いた苦しみの後、
　　　わたしたちが不幸に会った年月に比べて、
　　　わたしたちを再び楽しませてください。
十六　あなたのみわざをその僕らに、
　　　あなたの栄光をその子らにあらわしてください。
十七　わたしたちの神、主の恵みをわたしたちの上にあらせ、
　　　わたしたちの手のわざをわたしたちの上に確立し、
　　　わたしたちの手のわざそのものを確立したまえ。

（ルター訳）

小序

神が教会を教えるために召したもうたわたしたちの職務に関して、わたしたちの死後に神学と他のすべての学問を軽蔑する多くの人たちが現われるであろう、いな今日すでにあり余るほど多数の人たちがそのように生きているがゆえに、神を讃美しそのみ言葉をあまねく広く宣べ伝えるように努める者たちが現われなければならないと、わたしはしばしば語ってきた。わたしたちの行路を完走し、定められている救いの目標に達するまでは、まさにこの走るべき道程をわたしたちは終わりまで走りきらなければならない。それゆえ十分考慮を重ねたすえ、これまで説き明かしてきた多くの詩編の後に、今やこのモーセの詩編を講解しようとわたしは決心した。このようにして主なる神がわたしに与えたもう残りの生涯をわたしはモーセの書物を講解することに費やしたい(1)。

実際モーセは、聖なる預言者と使徒たちが聖霊の支えによって、神の知恵を汲みだしたその源泉なのである。だから、わたしたちも自己の能力と賜物の大きさにしたがって、この源泉へと弟子たちを案内し、神の知恵の種子を示すにまさる善いわざはありえず、あるいはそれよりもいっそう適切にわたしたちのわざを役立てることはできない。しかし、もし聖霊を欠くならば、いかなる理性も、いかなる人間の天性の能力もそれを見たり理解したりしえないので、聖霊はモーセにより神の知恵の種子を蒔いておいた。ところで、詩編の表題あるいは詩編そのものに向かうに先立って、少し詳しくその主題について述べなければならない。

詩編の主題について

人類はことごとく原罪により堕落し盲目になっているため、人間は単に自己と神とに関して無知であるだけでなく、自己が現に感じかつ苦しんでいるわざわいをも知らない。そのわざわいが何によって起こっているかを理解しないし、それがいかなる結果をもたらしているかも分かっていない。わたしたちの最初の先祖が罪によって引き起こし、子孫へと伝えた悲惨はこんなにも大きいのである。この悲惨のなかでもっとも重いだけでなく恐るべき罰は死であり、この罰がこんなにも大きなわざわいを伴って全人類に洪水のように流れ込んでいるが、そのような死についてもっとも知恵ある人びとがいかに愚かな議論をしているか考えてみなさい。ある人たちは、詩人が「あなたは最後の日を恐れてはならないし、待ち望んでもならない」(2)とうたったように、死を軽蔑するように説き勧められる。また他の人たちは、サルダナパルス(3)の碑文から転写した有名だが堕落しきった小句、「食べ飲み踊ろう、死んでしまえば快楽はない」が示しているように、死がきわめて有害な重大事であると感じてはいても、この不幸を和らげるために現世の快楽にさらに気ままに耽るように人びとを惑わしている。このようにこの世の知者たちは罪の罰をとり除こうと欲して、かえってより大きな罪のなかへ転落し身動きができなくなっている。追い剥ぎの一団とか兵士たちが他人のかかったペストやフランスの性病(4)、またこれと似たような災難を、冗談にもせよ我が身に来たれかしとばかりに懇望するとき、自分が勇気の模範を示しているると考えるようには、実際、死は軽蔑されることによって克服されるものではない。他の方法、他の治療法が必要である。

最近の神学者たちも概して同じように行なっている。彼らは、異教徒の思想家の例にならって告別式の説教のなかで、あたかも悪しき事態のなかにあるかのように、死を痛み悲しむべきではない。なぜなら彼らは、死は一種の避難所であり、全人類がことごとく屈服しているもろもろの労苦とわざわいから、わたしたちが安全にかくまわれている港であると論じているからである。だが、罪と死そのものを人類の他のわざわいとともにこのように過小評価し、すべての人が共有している感覚と経験自身に逆らって反論し、もっとも軽薄にして空しい思想にわたしたちが媚びるということは、原罪によって一段と重く加えられた最悪の盲目であり、もう一つの悲惨である。実際、それは死について論ずべき方法ではなく、わたしに言わせると、異教徒的盲目と原罪の所産である。なぜなら、まさにその反対のことを感じ経験しているのに、自己の悪を悪でないと強弁しているからである。

これに対してわたしたちのモーセはこの詩編において彼らとまったく違った仕方で死について論じている。彼はまず、死とその他のこの世のもろもろのわざわいをできるかぎり過大視することから始める。この点に関していえば、彼は律法に則った自己の職務にもとづいて、もっともモーセらしいモーセ、つまり死・神の怒り・罪に対する峻厳なる奉仕者である。それゆえ、もっとも卓抜なる方法によって律法の仕事が実行に移され、彼は死をきわめて恐るべき色彩でもって描きだし、神の怒りこそわたしたちの死の根拠であることを示す。いな、それればかりか、わたしたちが死ぬのに先立ってすでに巨大なる惨禍によって打ちひしがれていることをも明らかに示す。

またモーセはこの詩編において新しい修辞学を使って、死を「神の怒り」と呼んでいる。彼は自己の論理学にもとづいて死とこの世のあらゆるわざわいの生成因と目的因とを他の原因に加え、怒りの神をわたしたちに対立させて立てる。(5) 彼は「だれがあなたの怒りの力を知りえようか」という。実にわたしたちが死ぬということは、罪に対抗する神の耐えがたい怒りから生じているのである。

さらに、もしあなたがモーセの続いて語っていることを考えあわすならば、彼が単に身体的な死についてのみ語っているのではないことを容易に理解するであろう。実際、もし身体的な死のみが予期されるべきであるなら、先の詩人とともにわたしたちは「あなたは最後の日を恐れてはならないし、待ち望んでもならない」というであろう。しかし、わたしたちは永遠の死に服し、少なくともわたしたちによっては克服しがたい神の怒りを引き受けている。

このように死についてモーセはあたかも立法者のように論じ、頑なになり無感覚になっている罪人たちと対決する。だが自己の罪と死を目の当たりに見て戦慄させられた人びとに彼自身の実例をもって、神が「彼らにその生きる日数の短いことを示してくださる」ように祈ることを教えている。

したがって詩編の主題は、モーセがこの詩編において頑なになり安心しきっているエピクロスの徒輩を徹底的に驚愕させようと意図していることである。彼らは神の怒りと死を軽蔑し、死後何の希望も残されていない獣のように生きることを、この世において彼らに与えられた仕事のように考えている。

モーセは彼らに死が永遠の暴君であることを示す。それはこういう方法によって彼らが徹底的に驚愕させられて、自己の不幸とわざわいを理解することを学ぶためであり、彼らのもっとも重い危難にさいして適用されるべきである救いを願望するように、彼らが点火されるためである。それゆえ、彼はまず戦慄させるのであるが、それは絶滅させたり、あるいは絶望のなかで見棄てたりするためではなく、戦慄しもはや安心しなくなった人たちに慰めを示し、生きかえるべき機会を与えるためである。

こうしてモーセは福音の教義を律法と結合させている。もちろん福音をいくぶんか不明確のままに扱ってはいるけれども。なぜなら、福音の宣教はわたしたちの主であるイエス・キリストと新約の時代にとっておかれるべきであったから。モーセはしょせんモーセでなければならなかった。したがって彼は福音にわずかに触れているに過ぎない。それは福音の完全なる栄光が、父なる神が「これに聞け」（マタイ一七・五）とのたもうた、さらに良い導師の上にとどまるためである。

この詩編においてとくに次の二点に注目しなければならない。第一は人間の本性が永遠の死に服していると彼が述べるとき、このことはもちろん頑迷で不信仰な、神を軽蔑する者たちを戦慄させるためなのであるが、彼は死と神の怒りとからなる暴君的圧制を強大なものとしていることである。第二は人間が絶望のうちに放置されないために、絶望に対抗して救済の手段を祈り求めていることである。したがって、この詩編はきわめて有益なものであり、ここでわたしたちはモーセが自己の職務にもとづいて罪人を戦慄させ、まだ明瞭ではないにしても神の贖いを予示しているのを聞く。しかしながらこのことは紛れもなく、彼が傲慢な者たちを謙虚にし、謙虚になった者たちを慰めるためである。

詩編の表題について

さて、「モーセの祈り」という表題は簡単である。ヒエロニムスはこの詩編について他にもいろいろ述べているが、いつも一〇編ずつ組をなして続いている詩編は、その組の初めにある詩編にはっきりとした名前が与えられている作者に属するというのが、詩編の一般的な慣習であると注記している。[6] このことは多分ラビの伝統にもとづいて述べられたものであろう。

しかし、わたしはこの詩編だけがモーセの作品であって、表題をもたない続く詩編は彼の手になるものでないと確信している。なぜなら、ヘブル人への手紙は詩編九五編にある「今日もしあなたがたが彼の声を聞くならば」（七節）という聖句について、ダビデをとおして神がこれを語ったと明瞭に述べているからである。したがって、わたしたちはヒエロニムスがユダヤ人の伝説にしたがっていると考えるべきであろう。ところで目下扱っているこの詩編はモーセの作品であることを、この詩編の表題のみならず、その語り方、内容そのもの、その全神学が証明している。

モーセは「神の人」と呼ばれている。なぜなら、彼は律法を民に教えるように神から特別に派遣されたのであるから。しかし、ほかのときには律法を教える仕事に従事しているようなモーセが、この詩編では祈りに携わっている姿を呈している。後にこの祈りのなかで彼が行なうのを見るように、彼は死・罪・呪いに奉仕する者であるが、それも彼が傲慢な者たちを戦慄させ、自己の罪に安住する者たちの眼前に彼らの不幸な有様をはっきりと示し、それを少しも隠さずあらわにするためである。

パウロはテモテをも「神の人」と呼んでいる（Ⅰテモテ六・一一）が、彼がこの呼称を用いた理由はモーセの場合と少し違っている。というのは、ヘブル語のイーシュという語は単に人を意味するのではなく、しばしば行政上の職権のために用いられているからである。そのような職権をもつ人は公の人であり、公共的な職務を帯びている人であって、列王記で「釜のなかに食べると死ぬものが入っている。神の人よ」（列王記下四・四〇）とあるとおりである。その意味は、あなたは神に属する職務に、公に地位を与えられた人である、つまりあなたは神の道具であって、その言葉と行為とはあたかも神自身によって命じられたかのように受け取られなければならない、ということである。

「神の人」という呼称はこの詩編においてはこのように理解すべきである。なぜなら、モーセは神から委託されたそのような職務をもっており、したがって彼が教えているときには神自身におとらず彼を信じるべきであるから。

したがってこの表題は役割・権威・使命の三者を含んでいる。権威というのはパウロが自己を「主イエス・キリストの僕」（ローマ一・一）と呼んでいる場合と同じであり、このように権威づけることは彼の傲慢を意味するのではなく、自己の言葉と職務に対する信任をえるために不可欠なことである。

同様にモーセも傲慢によって自己を「神の人」と呼んでいるのではなく、それが神から委ねられた仕事であるからそのように呼んでいる。そこで彼はまさに神が彼と違わずに語っていることを信じるように要求する。

しかし、あなたは「だがモーセはイスラエルの人びとが主と争った水、つまりメリバの水の辺りで罪を犯した（民数記二〇・一三）。だから彼を信ずることはまったく危険である」と言うかもしれない。それに対しわたしは答える。「彼が罪を犯したというのは正しい。だが彼は神の厳しい裁きによって罰せられた。また同時に何が罪であり何が罪でないかをはっきりと示された。彼が罰せられている場合には、神は彼を信じないように命じたもうたが、彼が罰せられていない場合には、モーセはなおその公使の職と権威とをもち続け、彼の使命は損なわれることなく存続し、彼は神の道具にとどまっている。それゆえ、彼を侮るであろう者はすべて神を侮るのである」と。

こうしてダビデも自己の罪もしくは堕落にさまたげられることなく、神の人または王であり続けた。なぜなら彼は罪を犯したにもかかわらず、彼が召されている使命は完全な姿で存続したからである。同じようにわたしたちも日々罪に陥りうるとしても、罪によって任務から罷免されたり、わたしたちの言葉が撤回されたりすることはない。もちろん、わたしたちの召されている使命とモーセやダビデなどのそれとを比較しうるかどうか、わたしには分からないけれども。

そういうわけでモーセの言行は神的なものであると判断すべきであり、彼はわたしたちの不幸な状態をわたしたち自身よりもいっそうよく理解する、聖霊の代弁者とみなされるべきである。しかし、異教徒たちは自己の生と死にかかわる事がら、また彼らが経験し感じている事がらを理解していないがゆえに、どうして神にかかわる事がらを理解しえようか。

したがって、わたしたちはこの詩編が聖霊自身によって作られ、わたしたちに提示されていると判断する。この詩編のなかでモーセはわたしたちのわざわいについて教え、このわざわいを「無駄話をする人びと[7]」のように弱さとも病気とも呼ばないし、ソフィストたちのように火口(ほくち)[8]について論じることもなく、彼は神の人のように教えている。この神の人をわたしたちはあたかも神自身がともに語っているように信ずべきである。

ところで「祈り」と書き加えられている詩編の表題も、神学における必須のことであって、豊かな慰めである次の原則をわたしたちに想起させる。つまり、もろもろの戒命や十戒の前半のもろもろの行為について論じられているところではどこでも、キリストのきわめて美しくすぐれた言葉「神は死せる者たちの神ではなく生ける者たちの神である」(マタイ二二・三二)にもとづいて、死人の甦りのことは不明瞭にしか示されていない。

したがってモーセは罪とその罰を示しながら、自己の任務にしたがって殺すのであるが、この詩編を「祈り」と名づけているがゆえに、隠された仕方によってではあるが、しかし確実なる言葉でもって、死に対抗する救済手段をも明らかにしている。こうして彼は「神の人」と「祈り」という二重の名称によって異教徒のすべての著作に優(まさ)っている。

アリストテレスは、修道士たちもこれにならっているが、死を想う修練が死をいっそう耐えやすくする救済手段であると考えている。(9) しかし、そのような事態をわたしたちが適切に評価するなら、死のほかにもう一つ別の側面、すなわち怒りの後に続く生命とあわれみへの希望がない場合には、死を想う修練よりもエピクロスの徒であることのほうが明らかにいっそうよい。そのような希望が取り去られると、不可避的な悪に対する憂慮によって徒らに衰弱するよりも、食べたり飲んだりして身体を思いわずらうほうが優っている。とりわけ救済にいたる希望がない場合、そのような想念が心をかりたてて神に対する怒り・冒瀆・苛立ちに向けるときはそうである。実際、カトーが「死を恐れる者は生命に導くものをも失う」(10) と語ったことは真実である。

それゆえ、このような異教徒の知恵は人類にとって役に立たない。とりわけ、こんなにも大きなわざわいをそれがもたらしている場合には。わたしたちはさらに高く超越しなければならない。そしてモーセがこの詩編で伝えている神の知恵にまで眼を向けなければならない。彼は死を大きくしてわたしたちを戦慄させるが、そのようにするのは、それにもかかわらず戦慄しかつ謙虚にされた者たちが絶望へと導かれないように、なおまだ希望が残っていることを啓示するためである。

このように異教徒たちは教えることができない。ただ聖霊のみがそれを成し遂げたもう。またこのような知識はわたしたちの家庭で生じることはなく、神の人からそれを受けとらなければならない。わたしたちがそれに気づく前にわたしたちを飲み尽くしてしまうほど、死の力は強大である。それゆえ、わたしたちは他の光に向かって近づいてゆかねばならない。またこのような危険に陥ったとき、心はどのように再起すべきかを天から啓示されなければならない。

異教徒たちは、キケロの『トゥスクルム談論』にその例を見るように、[11] 死について美辞麗句を並べて語っている。しかし、キケロは真実にして確実な救済手段を示すことができない。なぜなら、彼は議論している最中に他人に説得を試みていることを、自己自身に納得させることができないのが明らかになっているから。

そういうわけでモーセがこの詩編に「祈り」という表題を与えたことは、まさにこの祈りという名称によって生命に対する希望が残っていることをほのめかしている。実際、祈りとは何か。それは援助を求めることではなかろうか。さらに罪と死の危機にさいして神に向かって祈るとはどういうことか。それは神のもとに赦しの可能性があり、このような破滅的な不幸に対抗する確実な救助策があると感じるからではなかろうか。死に対決して祈るとは生命を希望することではないか。なぜなら、人生について絶望した者は、あたかも成功の見込みのない仕事にみられるように、明らかに祈ることなど決してしないから。

こうしてモーセの十戒の前半に記されている戒命、もしくはもろもろの行為について（祈りはこの前半のわざであるが）論じられるところでは、いつでも死人の甦りに対する信仰と希望が必然的に含意されているという神学上の原則はまさしく真理である。キリストはもっとも単純な聖書の言葉からこのような神学を見いだすようにわたしたちに教えて、次のようにいう。「聖書に『わたしはアブラハムの神、イサクの神、ヤコブの神である』とある。神は死んだ者の神ではなく、生ける者の神である」（マタイ二二・三二）と。だから、このような神を礼拝し、信仰し、神に向かって祈る者はすべて死のさ中にあっても生きるであろう。なぜか。それは死んだ者の神は礼拝されることも信じられることも崇められることもなく、ただ生ける者の神のみがそのようになさるからである。したがって神の礼拝・信仰・祈りは復活と永遠の生命との信仰条項をまさに含んでいる。

わたしたちの導師キリストが天から来たりたもうて、わたしたちに教えたまわなかったならば、だれもこのことが第一戒のなかに示されていることを予感しなかったであろう。「神は死んだ者の神ではなく、生ける者の神である」がゆえに、十戒の前半は獣あるいは永遠に死せる者たちに与えられているのではなく、神を所有しかつ神とともに、永遠に生きる者たちに与えられているからである。祈りは第二戒のわざである。だが、もし祈りが神なしに生じるとしたら、それは祈りと呼ぶべきものではない。しかし、モーセがこの詩編に「祈り」という表題をつけたとき、彼がまた神に向かって祈り、罪の赦しと永遠の生命に対する希望と信頼によって祈っていることが分かる。

このようにモーセは表題そのものによって死に関する恐るべき教えに対抗する救済手段を提示する。また、この教えによって戦慄させられた者たちが絶望しないように、また他の者たちが頑固になったり無頓着になったりしないために、死の教えと救済手段との両者を結びつけている。実際、この二つの契機は結合されなければならない。それは、モーセの模範にならって信じて祈るように命じられることによって、安心せる者たちが恐れおののくようにされ、さらに驚愕した者たちが力づけられ生き返らされるためである。

律法の声は「生のさ中にあってわたしたちは死のうちにある」[12]と安心しきった者たちに不吉な歌をうたって戦慄させる。しかし、他方、福音の声は「死のさ中にあってわたしたちは生のうちにある」と歌って力づける。

詩編の主題と表題に関して以上述べたことが聴衆に示されるべきである。つまり問題となっている主題について、また作者はだれであり、どのような性質の人であるか、さらに作者のたずさわっている仕事は何であるか、もちろんそれは祈りであるが、このようなことに関してこれまで述べたことが聴衆に教示されるべきである。今や詩編そのものに向かうことにしよう。

第一節

主よ、あなたはわたしたちにとり、
世々にわたって住処であらせられる。

この冒頭の言葉も生命に息吹いており、復活と永遠の生命の確実な希望にかかわっている。というのはモーセが永遠にいましたもう神を「わたしたちの住処」と、あるいはもっと明瞭に言うなら、わたしたちがそこに逃れていって安全を保つような「逃れの場所」と、たしかに呼んでいるからである。(13) 実際、もし神がわたしたちの住処であり、神が生命であって、それに対しわたしたちがその住人であるならば、そこから必然的に帰結することはわたしたちが生命のなかにあり、そして永遠に生きるであろうということである。このことがすべて最善にしてもっとも確実な推論として論理的に帰結することを、わたしたちは十戒の中の第一戒の力によって知る。なぜなら誰がいったい神を死んだ者たちの住処と呼ぶであろうか。誰が神を墓場とかあるいは十字架とかみなすであろうか。神は生命である。

それゆえに神が住処であるような人たちも神と同じく生きるであろう。このようにモーセは詩編を開始する冒頭において、恐ろしい方法で雷鳴を轟かせ稲妻で打ち始める前に、彼は恐れおののいている人びとを慰める。こうして神が生ける者たちの、また神に向かって祈る者たちの、さらに神に対する信仰を告白する者たちの生ける住処であることを彼らに確信させる。

だが、神が「住処」であるというのは驚くべき発言であって、これと似た表現は聖書のどこにもない。それどころか聖書は他の箇所では反対のことをいっている。聖書は人間が「神の宮」であると呼び、そこに神が住みたもうと述べている。パウロは「神の宮」が「わたしたちのうちにある」（Ⅰコリント六・一九）と語っている。しかし、モーセはこの関係を逆転させて、わたしたちがこの住処における住人でありまた主人であるという。たしかにヘブル語でマーオーンという語は「住処」を意味する。また聖書が「その住まいはシオンにある」（詩編七六・二）と述べている場合、この意味でこの語が用いられる。しかし、「家」は人を保護するためにあるから、この語はモーセによって「庇護」あるいは「逃れの場所」の意味に解されていることになる。さてモーセがことさら語るのを欲したのは次のことを明らかにするためである。すなわち、わたしたちにとって希望のすべては神のうちにもっとも確実に与えられているということ、および神を逃れの場所としてもち、神の尊厳を安全にかつ永遠に憩うことのできる住まいのようにもっているがゆえにこそ、この神に向かって祈る者は、この世にて重い罰を徒(いたず)らにうけることも死にいたることもなく、確固として立つであろうということである。

パウロがコロサイ人への手紙において「あなたがたの生命はキリストと共に神のうちに隠されている」(三・三)と語っている場合、彼もモーセとほとんど同様の言葉でもって述べている。もしわたしが、信じる者たちは神が彼らのうちに住まいたもうよりも、むしろ彼らが神のうちに住む、と付言するならば、その文意は遥かに明瞭であり、明晰なものとなる。まことに神は身体をもってシオンに住みたもうたが、今や場所が変わっている。神がシオンにいましたのに対し、神のうちに存在するものは、明らかに変化することも移りゆくこともあり得ないであろう。なぜなら神は消滅しえないような性質の住まいであるから。したがってモーセは神がわたしたちの住処であって、地でも天でもパラダイスでもなくて、端的に神自身がわたしたちの住処であると語るとき、彼はもっとも確実な生命を明らかに示そうと欲した。しかもその様は次のようである。

「世々にわたって」

すなわち、神は世界の始原から世界の終末にいたるまで、その愛する者たちを決して見棄てたもうことはない。アダム、エバ、族長たち、預言者たち、敬虔な王たちはその住処のなかに眠っている。もし彼らがキリストとともにいまだ（わたしが信じているように）復活していないならば、彼らの身体は墓の中に憩っているけれども、それに対して彼らの生命はキリストとともに神のうちに隠されており、最後の日に栄光のうちに啓示されるであろう。このようにモーセはあまり明瞭ではないにしても、予め示すことばでもって死人の甦りと死に対決する生命の希望とを示している。なぜなら、新約聖書において罪の赦しと死人の甦りとが公然と宣教されることが、とくにキリストのために残しておかれなければならなかったから。旧約聖書では罪の赦しと死人の甦りとは何かおおいがかけられているかのように提示されていた。モーセはこれらのことに確かに触れており、いわば指を使って差し示す。彼がのちに神の怒りを強調しているところで、彼の思想はより豊かになり、その説くところはいっそう明瞭となっている。すなわち、彼は、人びとが神を畏怖することを学び、神の怒りと死によって恐れおののいて、神の前に謙虚にされ、恩恵に向かって備えるようにと努める。もしはじめに神の怒りが示されていないなら、人が神を畏怖するように動かされることはあり得ないから。だが、この神の怒りは、もし罪が明らかに示されていないなら、どうして示されえようか。罪はパウロが述べているように「後に怒りを招く」(ローマ四・一五)ものである。[14] したがってシナイ山の麓に集まった民は、彼らに罪を想い起こさせ、神の尊厳を耐えがたいものとなした雷鳴と恐るべき嵐によって、戦慄しはじめた。このような神による自己卑下もしくはかの畏怖は主なる神の嘉したもうものであった。実際、頑なで安心しきっている人間どもはこういうように告発されなければならない。彼らは神の言葉をないがしろにし、不敬虔に由来するすべての罰を感じないか、あるいは敬虔に由来する褒賞を軽んじている。

こういうわけでパウロもまた「神の言葉を正しく分け」(Ⅱテモテ二・一五)、約束と脅しとを混同しないように命じる。ユダヤ人たちが、ながいあいだ、そのような混同を続けてきており、今日では教皇主義者たちがそのように行なっている。ユダヤ人たちは、預言者たちがあらゆる災難をもって脅かしたにもかかわらず、その脅迫を無視して約束に頼った。このようにして神への畏怖が消滅し、生意気な高ぶる者、手に負えない者となる報いを彼らは受けた。これに対し、教皇制度の下において残忍な博士らと魂の虐待者らは、傷める良心を力づけもっとも優しく世話すべきであったのに、かえってあらゆる怒りと懲戒とをそれに加えた。したがって「神の言葉を正しく分け」（同上）ない場合には、約束と脅かしの双方において罪が犯される。それゆえモーセが以後用いているおびただしい脅かしは、パウロが「無感覚になっている」（エペソ四・一九）と呼んでいる人たちに、また大胆不敵な兵士たちがよくするように、自分の心から死と神の怒りの想念を故意に追い出している人たちに、厳密にはあてはまる。もし彼らに神の怒りが増大しないならば、彼らは神の道に立ち返ることができない。このような仕方であなたが（申命記二九章が述べているように）「毒草や苦よもぎの根」（一八節）を断ち切るためには神の怒りが不可欠なのである。

これに反して、モーセがこの詩編のはじめで述べているかの甘美な言葉は、死を怖れ、その結果として神の恵みに信頼することを学んでいる人たちにかかわっている。彼らは自己の罪を認めるに足りるほどの生命と感受性とが内在していることを喜んでいる。また彼らは罪を平然と無視したり、嘲笑ったりする人びとの群には入らない。彼らは教えられることができるし、神の慰めを受け取るように意欲している者であることを証示している。もしあなたがこの詩編をこのように理解するならば、詩編はあなたを優しく慰め、あらゆる側面からあなたに役立つと思われるであろう。しかし、わたしが修道士であったころ、この詩編を読んでいると、しばしば書物を手離さずにはいられなくなったことがある。わたしはこのように恐怖を惹き起こすものが、おののく心に提示されてはいないということを知らなかった。[15] またモーセが、神の怒り、死、あらゆるわざわいについて心配もしなければ理解もしていない、頑なで傲慢な群衆に向けて、この詩編が歌われるように願っていることも知らなかった。

さて、ここでふたたび表題を顧みてみよう。モーセはこの詩編を祈りであると記している。ここに明らかなことは、真実で真面目な祈りがもつ最初の力は救いの希望を捉え、神が慈しみ深いことを確信し、したがって神のうちに死に対決する隠れ家があると確信するということである。実際、もしこのようでないならば、モーセはどうして神をわたしたちの住処と呼ぼうとするのであろうか。それゆえ、これはやがて到来する生命についての最大の確信ともっとも完全な希望から発せられた言葉である。彼は怒りと罪とを身にしみて感じているけれども、あえて次のように語っている。「おお主よ、あなたは正当にもわたしたちの罪のゆえに、わたしたちに対して怒りを発したもうが、それにもかかわらず、あなたがみもとに教会をいつも保存したまわなかったほど、またあなたが救いの希望をあなたのうちに置いている者たちの住処と港でありたまわないほど、あなたは人類を見棄てたまわない」と。祈りの第一の力は、神が恵み深く好意に満ち、援助の手を差し伸べようとしておられるのを把捉することである。

今や誰が一体、自分の親しい者の中にあって聖霊がもっとも善い祈り人であることを否定しようとするであろうか。モーセはもっとも困難な問題にぶつかり、そのために彼は自己と全世界とを神の前に告発するのであるが、きわめて適切にも神の慈しみを捉えようとし、あらゆる時代の教会に示されている、神のあわれみに対する信仰によって、彼に対する訴訟を求めている裁判官をなだめている。

この信仰がないなら、祈りは祈りでありえない。なぜなら、神が祈っている者に聞いてくださるほど親切な方であることを信じないで、神を軽蔑したりあるいは神に絶望する人がどうして祈るであろうか。教皇制度下のすべての祈りはこの種のものである。彼らは信仰を理解していないがゆえに、単に信仰によって祈ることができないばかりか、祈ったのちに聖人の功績とか執り成しに寄りすがることによって祈りを台無しにする。それゆえ、わたしたちは聖霊において、つまり心の真実なる信仰において祈り、「あなたこそわたしたちの住処である」と語っている教師モーセに従ってゆこう。このことを誰も信仰なしに、聖霊の賜物なしに心から語ることはできない。

さて、モーセを手本としてここに提示されている本質的に肝要な教えは、まことの祈りにとって信仰こそ不可欠なものである、ということであると思われる。もし信仰が現に存在するならば、わたしたちは勝利する。なぜならキリストに対する信仰のゆえに祈りは神に聞き入れられ、神に嘉せられ、すべてを成就するからである。もしあなたが神はあなたの住処であると信じるなら、まことにあなたにとって神は住処でありたもう。だが、もしあなたが信じないなら、そうではない。それゆえ信仰のない人たちは祈ってもまったく無駄であるばかりでなく、かえって彼らの祈りは罪となり、神に対しいっそう苛立ちを覚える。実際、祈りにより神の面前へと来ているのに、あなたが祈ることは無益である、また神はあなたに聞きたまわないであろうと考えることは、神に対する冒瀆である。

まことの祈りの第二の力は、自己を神へと向けさせ、他の肉的な保護と援助へ向けさせないことである。このことも同様に信仰のわざであって、信仰は単にわたしたちを神と和解させるだけでなく、同時にまたあらゆる不敬虔な教えと人間的な援助に対抗してわたしたちを守る。神を所有し[16]、神に堅く寄りすがるというこの二つのことは、たしかに信仰の力である。信仰をもつ人は恵み深い神をもち、それゆえに彼の祈りとその他の彼の職業活動の一切は神に喜ばれる。だが、このようにわたしたちが神に寄りすがり、サタンから打ち倒されないためには、神の大いなる熱意と配慮、なおその上に神の大いなる慈しみが必要である。サタンはわたしたちをさまざまな方法で唆(そそのか)して、できることならいかなる手段をもってしても真の神から離反させ、人間的なもろもろの援助に頼るようにわたしたちを迷わすことができる。それゆえモーセはきっぱりとここで、「主よ、あなたはわたしたちの逃れの場所である」と述べている。

だが、どうして「世々にわたって」と彼は付言するのか。それは当然のことであるが人間が創造された初めから世界の終りにいたるまで、一つの教会が継続していることを示すためである。このことは「人類の発生もしくは人間生活が始まるその日から、あなたはわたしたちの住処である」と彼が言っているのであって、その意味するところは次のごとくである。「教会はある時にはきわめて微弱であり、どこにも現われていなかったほど分散していても、最初の人アダムから最後に生まれる人にいたるまで、教会はいつも存在した し、何らかの神の民はいつも存在していた」と。不敬虔な王アハブがまことの神の礼拝を禁止し、また多数の預言者を残酷にも殺害したエリアの時代においても事情は同じであって、そのためエリアは自分ひとりがまことの神の残された僕（しもべ）であるのかと訴えた（列王記上一九・一〇）。したがって、その当時教会はとても深く隠されていたので、神の目の前において以外にはどこにも存在しなかったほどであった。神は「バールに膝をかがめない七千人もの人たちを自分のためにとっておいた」（同一九・一八）と語りたもうた。また同じく教会は教皇制度下においても現に存在していたし、たえず存続していた。それはまことに深く隠されていたので、外に現われた外観から判断する者にとっては、どこにも存在していないように思われたであろう。

そこで次のことによく注意し、理解するように努めなければならない。すなわち、第一に知らなければならないことは、神を告白し、神について真実な教えを伝える者が、かりにごく少数にすぎなかったとしても、いつもあったし、現にあるし、また将来もあろうということである。第二は、教会は、教皇主義者たちが夢想しているように、道徳的清らかさにおいてあらゆる躓き（つまずき）となるものや汚れから離れた完全な社会ではないということである。教皇主義者たちは使徒信条で教会が聖なるものであると語られているのを聞くと、教会はあらゆる罪や躓きとなるものがない民から成っていると考える。すると、彼らがそののち教会の集まりをよく観察してみた場合に、それは教会ではないとの疑念をいだかざるをえないであろう。彼らがわたしたちに目を向け、サタンがわたしたちの教会を破壊している、もろもろの躓きとなるものに注目するならば、彼らはわたしたちが教会を支えていることを否定し、またこのような躓きから自分を解放しえないと思う。

ドナティスト派(17)も同様な見解をもっていた。彼らは罪に落ちた背教者たちを破門し、これらの人びとが教会に立ち返ってくるのを許さなかった。したがって彼らは教会が全く欠陥のないものであることを欲した。その結果、必然的に彼らの教会はごく少数の集団に縮小されていった。マニ教徒(18)とその他の人たちも同様の誤った考えに陥り、あたかも教会が実際に永遠の生命のうちにあり肉のうちにないかのごとく考えた。教会についてこのように議論すべきではない。なぜなら真の教会は祈るものであり「わたしたちに負債のある者を赦すごとく、わたしたちの負債をも赦したまえ」（マタイ六・一二）と信仰によって、また真心をこめて祈るからである。教会は日々に前進する。日々に「古い人を脱ぎ捨て、新しき人を着せられる」（コロサイ三・九以下）。教会は「み霊の最初の実」（ローマ八・二三）であって、み霊の十分の一も、ましてこの世においてはその完全な充実を受けているわけではない。わたしたちは肉を全く脱ぎ捨て去り、裸であるのではなく、肉を脱ぎ捨てる過程のなかにあり、前進もしくは向上しつつある。それゆえ罪の残滓は霊性主義的なドナティスト、マニ教徒、教皇主義者らを怒らせているが、神はそれを怒りたまわない。キリストに対する信仰のゆえに罪は赦され、除去されているからである。

それゆえ、もしあなたが教会について判断を下したいなら、それはいかなる欠陥も躓きとなるものも存在しないような場所ではなく、純粋なみ言葉が説かれている場所、また純粋なサクラメントが執行されている場所、さらにみ言葉を愛し人びとの前でみ言葉を告白する人がいる場所が教会であると単純に考えるべきである。これらの目じるしをあなたが見いだすところには、み言葉をもちまたサクラメントを執り行なっている人の数がたとえ少なかろうと多かろうと、教会が存在していると信じなさい。教会に属する者たちがたえず幾らかは存在することは確実である。もしそうでないならば、どうして神が永遠にわたしたちの住処であろうか。こういう仕方でアンセルムスは彼の著作のある箇所で正しく議論を展開し、驚嘆すべき、しかも良きかつ真実な推論を引きだした[19]。すなわち「アダムとエバはキリスト教徒であって、義とされた者であった。ここから当然帰結するのは、教会が存在しなかった時がないようにするため、彼らが罪を犯した直後、ただちに信仰によって正しい道に帰ることが生じた」と。実際モーセは正当にも堕罪物語でアダムとエバが罪を犯した直後に悔いの念にかられて恐れたと述べている（創世記三・八―一〇）。しかし、その後、「女の末裔」（同三・一五）に関する神の約束が付け加えられたがゆえに、アダムとエバは実にキリストに対する信仰によって義とされたのである。彼らは神の怒りと来たるべき罰に対する恐れにより神から逃走しようとしたが、神はみずからの発意にもとづいて彼らを探し求め、彼らの状態を回復させたもうた。これこそみ言葉によって新生し、キリストに対する信仰によって義とされた最初の教会であった。

この点はアンセルムスによって学問的に充分に論じられているし、また真理である。なぜならモーセもここに神が世々にわたって人間の住処であると述べて告知しているように、教会はたえず存続し、現存していることは当然だからである。

第二節

山々が生まれ、地と世界とが造られる以前に、
神よ、あなたは、とこしえからとこしえまでいましたもう。

モーセはここに自己の職務の原則にしたがってモーセであることを開始する。また、まことに卓越せる仕方で、あるときはわたしたちの悲惨な有様を大きくし、あるときは神の怒りを強大ならしめる。彼はこの点を詳細に論述することによって真の神を異邦の神々から区別する。わたしたちはこの異邦の神々が、永遠から存在し、永遠に存続すると語ることはできない。モーセは、「わたしたちは新奇なまた通俗的な神ではなく、木あるいは黄金で作られた神でもなくて、世界が造られる以前から存在し、永遠にわたって真の神でありたもう神を崇めている」と語ろうとしているようである。さらにモーセは、まさに神が地と世界との造られる以前に存在したもうがゆえに、いかなる被造物をも必要とせず、単純に自己のうちに至福でありたもうお方であることをも示す。

こんなに短い言葉で要約された神の尊厳をだれも解き明かすことはできない。たとえだれがそれを叙述しようとも、その人が枚挙しうるかぎりでの神の属性のすべてが把握されているにすぎないからである。かえって神が永遠であるからこそ、必然的に神は不滅な存在であり、全能であり、至福であり、知恵があることが導かれる。聖書が「まず初めに神に何かを与えた者はいない」(ローマ一一・三五)と述べているように、神はだれにも負うていない。神のみが自足的に存在したもう。

ユッラードゥー(生まれた)というヘブル語は、もしモーセが「山々が創造され、あるいは造られる以前に」と言ったとしたら、それよりもいっそう意義深いものである。なぜならば、それが意味しているものは、元来無からある物へと被造物が出現することなのであるから。その出現の有様は、人間から他の人間の身体が不思議な由来によって生まれるのと同様であるが、それは鍛冶屋がある素材から何かを作る場合、素材を準備し、その一部分を削ったりもしくは何かをつけ加えたりして、素材に形を与えてゆくような場合とは違っている。かえってそれは樹木が、あたかも無から生じるように、大地から生えいずるようなものである。こうして万物は形成される、あるいは造られるというよりも、むしろ生まれるように考えられている。実際、山々は、あたかも神の産む働きによって、生まれたとモーセは語っており、彼は「神が仰せられると、そのようになった」（創世記一・三）という創世記の言葉が詩編（三三・九）のなかに反映していることを指し示そうとする。なぜならみ言葉によって万物は創られたのであるから、「造られる」あるいは「形成される」と言うよりも、いっそう真実には「生まれる」と考えられているから。そこには道具が全く欠けていたからである。

ホーレールというヘブル語は厳密にいえば「形づくられる」ことを意味する。それはあたかも何の道具も用いずに子宮のなかで胎児が形づくられるようなものである。しかし、モーセがそのような独特な用語を使って示そうと欲していることは、全世界の創造が神にとっていわば分娩作用のようなもの、もしくは神の命令によって生じる一種の誕生のごときものであったということである。一切のものを無から創造することが神にはどんなにたやすいことであったかを、わたしたちが学ぶようにモーセは欲する。まことに事物は神のみ言葉によって生えいずるようなものであるから。すなわち生えいずる場合にはこの点はきわめて容易に理解されるように思われる。たとえば樹木が生えいずるとき労苦しない。

わたしたちはその命令によって被造世界の全体が生まれ出るような神を所有し、礼拝し、そのような神に向かって祈る（とモーセはいう）。したがって、この神がわたしたちに好意をもっていたもうならば、わたしたちは何に脅えるのか。全世界の怒りがわたしたちに向けられているとしても、わたしたちは何を恐れるのか。もし神がわたしたちの住処であるならば、たとえ天が崩壊しようとも、わたしたちは安全ではなかろうか[20]。なぜなら、わたしたちは全世界よりも大きな存在である主なる神を所有しているから。そのみ言葉によって万物が生まれ出る力ある主を所有しているからである。

それでもなお、わたしたちは君主の一人もしくは王の一人、そればかりか隣人の一人からでた怒りに耐えなければならないとき、わたしたちはおののきかつ落胆するほど臆病なのである。しかしわたしたちの天の王と比較して考えるならば、全世界における他のすべてのものはあたかもほんの小さな埃のようなものであって、目立たない微風によってあちこちと動き回り、しっかり立つことに耐えられない塵のようなものにすぎない。このように、こうした神についての叙述は慰めに満ちている。またそれゆえに、怖じ惑う心は試練と危難に出会ったとき、この慰めを顧み、これに頼るべきである。

他方、ここで神の怒りの強度がいかに大きいかが推論される。マナセが祈って「威厳ある神の眼差しによってすべての人は怖じ恐れる」（マナセの祈り四節）と適切にも述べているように、神の怒りは強大であり、罪人の上にくだされる神の怒りを耐えることはできない。これほど力強くかつ偉大なる神が怒りたまい、罰をもって脅かすのを魂が悟るとき、いったいどこに魂は逃れてゆこうとするのか。魂はダビデとともに真に告白して言うであろう、「わたしはどこへ行ってあなたの霊から離れましょうか。わたしはどこへ行ってあなたの御前から逃れましょうか。わたしが天に昇ってもあなたはそこにおられます。わたしが陰府に床をもうけてもあなたはそこにおられます」（詩編一三九・七、八）等々と。その御手によって万物を造りたまい、すべてのことを成しうる神が怒りたもうならば、何がいったい逃れの場所たりうるであろうか。それゆえ、この地獄の刑罰は、パウロもテサロニケ人への第一の手紙五章三節で述べているように、不敬虔な者たちが神の手から逃亡しようと願っても不可能なくらいひどいものであろう、と考える人たちの意見は正しいのである。

だから、大きな罪を犯していながら平然と生きている「無感覚な者たち」（エペソ四・一九）と鈍感な罪人たちは、そのような地獄の刑罰の想念によって責め立てられ、いわば鉄槌をもってするように打ち砕かれなければならない。彼らは自己の罪によって罰を科すように怒らせたお方が、その本性がいかなるものであり、いかに偉大な存在であるかを聞いて学ぶべきである。彼らはシナイ山における稲妻を見、雷鳴を聞くべきである（出エジプト一九・一六、一八）。彼らは大地が震動し、すべての者が迫り来たる死の現存に脅えているのを見るべきである。しかし罪を自覚し、いち早く神の怒りにおののいている人たちは、かの住処について教えられ、力づけられなければならない。これが「み言葉を正しく分ける」（Ⅱテモテ二・一五）という方法である。つまり傲慢で無頓着な人たちを教えなければならない方法と、いち早く恐怖にかられておののき、安全な庇護のすべてについて不安をいだいている人たちを教えなければならない方法とは違う。後者に属する人たちは無限にして永遠かつ全能なる住処について思いをはせることを学ぶべきである。彼らは怒れる悪魔を所有しているのではなく、万物にまさる神ご自身を所有していると自覚すべきである。

したがって神が永遠にして全能であって、測り難くかつ無限であるという、神に関するこのような叙述から、次の二つのことが続いて生じる。第一に、神の住処もしくは神を畏れる者たちの上にのぞむ神の恩恵は無限であること、第二に、無頓着な者たちに向けられた神の憤怒もしくは怒りは測り難くかつ無限であることである。なぜなら影響というものは、つねに作用因の強度に等しいからである。[21]

それゆえ詩編のこの節は、人間における死が無限の尺度によって他の生物の死よりもいちだんと大きな不幸であることを、とくに示そうとめざしている。たとえ馬や牛、また他の獣が死んだとしても、その死は神の怒りによって生じるのではなく、これらの動物にとって死はまったくもって一時的なわざわいにすぎない。それは神によってそのように定められており、けっして罰によらず、罰とは別の理由で死ぬることを神がよいとみなしたもうから生じる。しかし人間の死は悲惨であり、まことに無限でかつ永遠な怒りそのものである。その理由は、人間が神のみ言葉に服従して生き、神に似たものとなるように造られた被造物だからである。人間は死ぬように造られたのではない。そうではなく、死は罪の罰として定められている。それは神がアダムに向かって、「あなたがこの樹から取って食べるその日には、あなたはきっと死ぬであろう」（創世記二・一七）と語ったとおりである。したがって人間の死は動物の死に似ていない。動物は自然の法則にしたがって死ぬ。人間の死は偶然に生じたり、一時的であったりするのではなく、怒りかつよそよそしい神から脅かされて生じている。なぜなら、もしアダムが禁断の樹から食べなかったならば、彼は不死であったであろうから。しかし彼は不従順によって罪を犯したのちに、死によって破壊された。その様子は人間に従属している野獣たちの死のようであった。死は創造のときに授与された状態ではなく、神の怒りによって罰として科し加えられたもの、罪あるいは不従順によって避け難く負わされているものである。

それゆえ生命に向かって善にして完全に造られた人間が、またそのため神のうちに住処をもつことになっていた人間が、死に定められているというのを聞くことは、まことに痛ましい極みである。人間はこの至福の状態から罪によって転落した。まさしくこの点をモーセは、無頓着で粗野な人びとを恐れさせるために、激しく怒っているペルソナにおいて神をそんなにも熱心に描きだすことによって、わたしたちすべての者に明示しようと試みている。

第三節

あなたは人を死にいたらせ、
「人の子よ帰れ」と言いたもう。

ヘブル語のテキストでは「あなたは人を砕いて痛悔[22]へと帰らせたもう」となっているが、わたしたちが訳し変えたように「あなたは人を死にいたらせる」ということのほか何をも実際は意味しない。だから、これによって文意がいっそう明瞭になるがゆえに、わたしはこのような訳を用いることを選んだ。

なお、このテキストの内容に関することを教父たち[23]は情欲の罪としてとらえ、彼らの理解するところをここで述べている。それは彼らがおそらく動物的で肉的な試練のほかに他の試練を知っていなかったからである。なぜなら、彼らの著作において他の種類の試練に関しては稀にしか言及されていなかったから。それゆえ、われらの教皇主義者たちが原罪について議論する場合には、まさしく肉の情欲のほか何物をも理解していないという事態が生じている。(24) しかし、思春期を迎えた若者たちによって初めて肉の情欲が感じられ始めるのであるから、教皇主義者たちにとって原罪の方が遥かに重大なものとなる。というのは年齢のもっと若い者たちにおいて、つまり幼年時代においても、それぱかりか詩編五一編五節が示しているように、母の胎に今なお生きている胎児においても、原罪は存在し、生き続けているからである。だが教会の博士たちは概して肉的な考え方のうちになおとどまっており、聖書を人間性のもっと深く隠れている霊的な悪徳に適用しえなかったがゆえに、聖書の最も重要な教えをも一段とぞんざいに扱うようになった。したがって、わたしたちは彼らが統治するままにし、自己の考えだけで氾濫するのを妨げないことにしよう。だが、わたしたちは真実で実際の文意を探求してゆくことにしたい。

モーセがわたしたちに教えようとする詩編のこの箇所の意味は、人間が恩恵から転落し死の刑罰を受けていることが、罪によって生じたということである。彼は言う、「あなたは人の心を砕いて痛悔へと帰らせ、人を無へと引き戻したもう」と。人間はあらゆる動物に優っており、天使にも悪魔にも服さず、ただ神の尊厳にのみ服している。それぱかりか人間は神の言葉によって生かされ治められるように神の似姿に向けて造られている。こんなにも高貴な被造物である人間が神の怒りによって死ぬということは、恐ろしい判決であり、きわめて重く人間を圧迫している怒りではなかろうか。とくにあなたが悪の伝播について熟考するならば、人間の死が牛の屠殺よりもいっそう重大で悲しむべき出来事であることはたしかである。モーセは言う、「あなたは人の心を砕いて痛悔へと帰らせ」と。ここでの人間とはすなわち全人類である。モーセは「人間」という一つの言葉に最初の両親から出たすべての子孫たちを含めている。したがって生命へ向けて造られたものが今や死へと定められている。しかも、これが神の怒りによってもたらされ、全人類は不死性から永遠の死へと投げ込まれている。

しかしモーセがこの怒りを直接創造主に帰しているとき、彼がどんなに慎重に語っているか注意しなさい。それは、マニがその狂気の大群を引きつれて来て、二つの神々を、つまり一つは恵み深く善い神を他は悪い神を、吹聴することがないためである。(25) なぜならモーセは「悪魔が人間を無へと引き戻した」と言わず、むしろ「天地が存在する以前にいましたもうた、あなたご自身がそのようになした」と言うのであるから。前者はマニの馬鹿げた教説であった。また今日多くの人たちも紛れもなく同じ誤謬に陥っている。そのような人たちはすべて善いものが善神から生じ、悪いものが悪神から生じると空想する。この妄想のなかにアウグスティヌスは約九年間迷いながら暮らしたのであった[26]。しかし新しい神を勝手に捏造し、罪のゆえにわたしたちに正当に加えられた神の怒りをこういう仕方で逃れかつ避けようと欲するのは、不敬虔というものである。その様は平然と死を軽蔑する兵士たちと同じである。だが、たとえあなたがどんなに死を軽蔑したとしても、これによってどんな得をしたというのか。それによってあなたはいったい死を克服したとでもいうのか。それゆえ、詩編のこの箇所において論じられているのは、避けえない悪がいかに和らげられるかというエピクロスの思想についてではない。むしろ、わたしたちは善と悪との両者を唯一の神に向けて問い返し、そのような悪がいかに克服されうるかを学ぶように、神がわたしたちに教えているという点を記憶しておくべきであろう。このことこそモーセが主として果たそうと志していることである。

そこで彼は思慮深く、「あなたは人を死にいたらせる」と言う。つまり全人類が死によって飲み込まれているのは、あなたのわざ、それのみかあなたの怒りによる、というのである。人間は偶然に存在しているのでも、偶然に生まれてきたのでも、また偶然に苦しみを受けるのでも、さらには偶然に死ぬのでもない。家畜でさえも偶然に死ぬのではなく、これを治める人間の意志の決定によるのである（創世記一・二八）。というのは家畜の受ける災難は人間の支配下に生じるからである。ましてや人間の死と終末は確かな理由なしには起こらない。したがって生命が確実な神の計画の下に立てられたように、死も神の怒りのわざである。神によって人間は破砕されて痛悔へと向けられ、生命から死へと突き落とされる。

このようにモーセは適切にも死を生じさせている働きを神そのものに関係させる。それは、わたしたちが彼の忠告に聞き従って、害を加えた者以外の他のどこからも救助を求めないためである。というわけは「主はかき裂いてもまた癒したもうであろう」（ホセア六・二）とあるから。わたしたちの神の名は「主は殺しまた生かし、陰府に下しまた引き上げられる」（サムエル上二・六）ということである。また（この詩編に語られているように）主は人を打ち砕いて痛悔に向け、人の子が彼に帰るように命じている。それは最初に神によって生命をわたしたちが受けたように、また最後に神によって死を克服するためである。だが、この死の原因は単にむさぼりのみならず、あらゆる罪である。(27)

実に神はわたしたちを害しかつ殺すために悪魔を用いられる。しかし神がこのように罪を罰することを欲したもうのでないなら、悪魔はそのような殺害をなしえない。それゆえ、わたしたちは「屠られる羊」（ローマ八・三六）であって、罪に対して下される神の怒りのゆえに死に服している。

詩編のこの節の後半には「人の子よ、帰れ、とあなたは言いたもう」とある。ここに述べられていることの意味は、人びとが日ごとに罪のゆえに死んでゆくのと同じく、その間にも他の人びとが生まれる、しかも死んでいった人びとと同じ条件の下に、ということである。このようにノアの大洪水以前にあった世界は滅んでいったが、主は次のように語られたのであった。「わたしはすべての生けるものを滅ぼそう」（創世記六・七）と。だがそれにもかかわらず、主はノアに言う、「あなたのために箱舟を造りなさい。そしてあなたとあなたの子供たちおよびその妻たちがそこに入りなさい」（同六・一八）と。同じように主はアダムに語った。「あなたがこの樹からとって食べると、あなたはきっと死ぬであろう」と述べてから、「あなたは土であるから、また土に返るであろう」（同二・一七、三・一九）と。実際この節は人類をことごとく飲み干しているものである。だが、それでもなお他の人びとがこの世にたえず生まれて来ている。彼らも同一の悲運に隷属しており、死ななければならない。

これがモーセによってわたしたちに明らかにされた生と死に関する神の判断である。理性は自己の力によってこれを洞察することができなかった。そこで異教徒のみならず、修道士たちも死を蔑視すべきであると多く論じたが、その論じ方は間違っていた。というのは、そのために人は安心し切った者、もしくは神を冒瀆する者となっているから。彼らは神があたかも暴君のように振る舞い、理由なしにこの哀れな被造物たる人間を死に晒すとみなして、神に対する畏怖を捨て去り、神に反抗するよう駆りたてられている。モーセはこれよりも遙かに良く教え、たとえ神が人間を罪のゆえに排斥したとしても、それでもなお神が人間をあわれんで助けようとしないほど見棄てたのではないと告げている。しかし理性は次の二つの事を知らない。第一、死が罪のゆえに神の怒りによって人間に加えられていること。第二、神のあわれみのうちにこの怒りに対決する救済の手段があること、つまりこの怒りたもう神が祈りによって和らげられ、その意見を変えさせられて、恩恵のみ言葉とそのみ霊によって、わたしたちを永遠の生命に向けて刷新したもうということ。この二点を理性は知らない。

モーセがここで「あなたは人を死にいたらせ、〈人の子よ帰れ〉と言いたもう」と述べているのと同様に、創世記においても神は子孫の繁栄もしくは祝福を約束すると同時に、人間が限りない不幸のうちに巻き込まれていると語っている。創世記で「産めよ、増えよ」(一・二八)と言われていることが、ここでは「あなたは人の子が帰るように言いたもう」と述べられる。創世記で「あなたは塵であるから、また塵に返るであろう」(三・一九)と言われていることが、ここでは「あなたは人を死にいたらせる」と述べられる。このように一つの短い文章によって神は全人類を創造しながら同時に滅ぼしている。たとえば、ある人たちは砕かれて塵にされ滅んでゆくが、同時に他の人たちは同じ不運のなかへと生まれてくる。この過程はわたしたちの待望している贖いの日にいたるまで続くであろう。その日にはわたしたちは真に生きるであろう。なぜなら、そのときが来ると、単にこの肉の惨禍のすべてが取り去られるのみならず、また神の栄光がその子らのうちに現われ出るであろうから。そこにいたるまでは神の二つのわざ、つまり人類は惨禍によって滅びゆき、また誕生によって増大してゆくという、この二つのわざは継続する。

現在の生活はわざわいの多いものであるが、死が先立ち生命がこれに続くということは、まことに慰めに満ちあふれた思想である。この点をモーセは熱心に説き明かそうとして言う、「あなたは人間を死にいたらせ（これは第一にくる呪いである）、〈人の子よ、帰れ〉と言いたもう（これが第二に来るもしくは後続する最善のものである）」と。同じく「主は貧しくし、また富ませる」（サムエル上二・七）とあって、「貧しい」存在は不幸に満ちたものであるが、もしこのように多く「富ませられる」ならば、だれがこの不幸を悲しみ悔いるであろうか。飢えることは悲惨なものである。だがその後、より大きな喜びをもってわたしたちは食事を楽しむ。それゆえモーセもここで死後に生命が続いて生ずるであろうという、この希望を間接的に提示しているのであって、他の動物のように人が消滅してゆく単なる未来のことを述べているのではない。むしろ人びとが死ぬというのは、人びとが謙虚にされるためであって、死のうちにとどまり続けることがないためである。彼はこの希望を、自己の罪と神の怒りとの省察によってその心が徹底的に震撼された人たちに示す。そして祈りを終えるに当たって、彼は死と神の怒りとを克服すべき教えをいっそう明瞭に告げ知らせるであろう。

だが、読者はまたモーセが用いている修辞上の表現に留意すべきである。彼が「あなたは〈人の子よ、帰れ〉と言いたもう」と述べるさいに、独自の考え方にもとづいて日常会話の形式を保存しているからである。実際、彼は創世記において「〈大空、太陽、月があるように〉と神は言われた」等々、また同様に「さあ人間を造ろう」と述べて、万物がみ言葉によって創造され保持されていることに注目している。彼がこのような会話体を用いているのは、一語でもって万物を滅ぼしたり創造したりする、ペルソナ〔位格〕の偉大さを示すためである。言葉ほど重みのないものが考えられえようか(28)。それに反し神が言葉を発せられると間髪を入れず語られたことは現成する。こうして神がわたしの母に「懐妊せよ」と言われると、彼女は懐妊するし、わたしに向かって「生まれよ」と語られると、わたしは生まれ出るのである。

第四節

まことに、あなたの前には千年も過ぎ去った
昨日の一日のごとく、夜警の一ときに等しい。

ここにモーセは事物の人間的な見方から神的な見方へと、また時間から時間が存在しないかの生命へとわたしたちを移す。これはまた上述のように神が怒っているときのペルソナの偉大さを示すのに仕える。なぜなら誰かが約十世紀にわたって生を満たしたメトセラ(29)の年ほど生きるとすれば、そのような人は他の人びとよりもより良い状態のうちにあり、怒りによって打ち砕かれていないとわたしたちは考えるから。だが、モーセは全く違ったことを語っている。彼は言う、神の怒りだけが人間を打ち倒しているのではなく、速やかに実行された怒りもそのようになす、と。なぜなら、あまりにも早くわたしたちは死に赴くし、死や不幸をひき延ばしたり遅らせたりすることは何の慰めにもならないから。わたしたちはきわめて短い生涯を、しかも苦汁にみちた生涯を生き、そののち永遠の死を迎え

る。メトセラの生涯をあなたが考えてみるなら、実は彼といえども千年の歳月を生きたのではない。だが、もし千年が神の前で昨日の一日のごとくであるならば、いったいそれは何であろうか。

この人生の短さについてかつてどんな人がこのように如実に描いたであろうか。モーセは人生とは走路を意味せず、むしろ猛烈な一投げのようなものであって、これによってわたしたちは死へと拉し去られるという。わたしたちにとって七十の歳月はながい時であると思われる。だが、キケロが言っていること、つまり「なおもう一年生きながらえることを望まないほど誰も老いていない」[30]という事態がたえず生じる。もっとながく生存したいというこの希望は、すべての人びとに生まれながら根づいている。ここからすべての人があたかも永遠に生きながらえるかのように、もろもろの研究や計画を企て、そのような信念により自己の生から出発して永遠の生を造りあげようとする事態が起こる。しかし、それにもかかわらず、死はいたるところでわたしたちの足跡につきまとい、わたしたちの最も近くにいつもいる。このようにモーセは人間に襲いかかっている最大の不幸な事態を明らかにする。最大の不幸は、人が自己の悲運を、つまり神の怒りと人生の短さを――日で見て経験してはいるけれども――、真に自覚していないということである。昨日にはなお四十年あるいはそれ以上生きのびたいと希望していた人が、今日死ぬのである。また、たとえそのような歳月のあいだ彼が生きたとしても、なお彼はもっと生きたいという希望を捨てているわけではない。

それゆえモーセは、わたしたちが時間を超越したところに自己を移し、神の目をもって自己の人生を洞察するように勧める。そのとき、わたしたちは人間の全生涯が、たとえ最長の生を伴っていたにせよ、かろうじて短い一時にすぎないと言うであろう。わたしはすでに五十一歳である。わたしが正しく省察するならば、この全時間は、あたかもわたしが今日生まれたかのように、速やかに過ぎ去っている。実際、哲学者たちが次のように説いているのは正しい。「過去はすでに過ぎ去っており、未来はいまだ到来していない。したがって、あらゆる時間のなかで今の時以外の何物をもわたしたちは所有しない。残りの時間は、あるいはすでに過ぎ去っているか、あるいはまだ到来していないがゆえに、存在していない[31]」。

したがってモーセは神の怒りをすべての人の意見と判断を越えて大きく見せる。（周知の用法を使って言うならば）彼はそれをまず第一に内包的に示す。つまり彼は人間の死が他の生物の死にくらべていっそう悪いものであり、耐え難いものであると描くことによって内包的に示す。なぜなら死は神の怒りによって〔罰として〕科されているからである。次に彼は外延的に示す。なぜなら人生は一瞬のうちに過ぎ去るからである。人間が造られた最初から存在しはじめる全時間は、アダムがふたたび目覚めたときに、あたかもひと時の仮眠のようであったと思われるであろう。肉の目は動物的である。それゆえ、ある人がもし百歳を生きるとすると、それは多くの歳月であると肉の眼は信じる。しかし神の前では千年は、過ぎ去って何も残っていない昨日の一日のようである。ヨブが「女から生まれた人は短い時間を生き、幾多の苦悩に満たされている」（一四・一）と語ったとき、彼もこのことを思いめぐらしていた。わたしが前に述べたように、神の怒りは単に怒りであるのみならず、速やかに実行される怒りであり、不幸な出来事である。したがって神のペルソナが無限であるのに対応して、この人生の短さもはなはだ有限的である。他の箇所で聖書は「一日は神の前に千年のようである」（Ⅱペトロ三・八）と述べているが、これは霊的な永遠の生命に関して言われているのである。

（32）は「内包的」に付された注番号。

「夜警」についてモーセが付言している点については、古い慣習によれば夜が四期の夜回りに分けられていたことが知られる。(33) 彼は千年を昨日の一日になぞらえたように、全人生を、眠りのうちに過ごす夜の短時間になぞらえている。彼はあたかも次のように語っているかのようである。「もしあなたがこの人生の日々を数えるならば、それは過ぎ去った日々である。もし夜々を数えるならば、それはあたかも夜の終りにくる四番日の時期である」と。このように彼は不幸な状態を増大させるのみならず、また最善のもの、つまり「人の子よ、帰れ」と言われた生命への帰還の意義を減小させる。実際、生命は神によって造られた良いものであるが、生命がこんなにも短くあって死によって切りつめられているがゆえに、わたしたちは当然のことながら自己の悲運を嘆き悲しむ。

ところで他の人たちは、夜警に交代があるように人生にも交代があることに、夜警の比喩を応用しているが、この解釈は不当ではない。(34) 今日の日を生きて、あたかも自己の任務につくように夜警の任にあたる者は、死をとおして生命へといわば呼びだされる。そして他の者がこれに続く。というのは夜警はいつも同じ兵士によってなされるのではなく、ひとときき夜警の任についた者は立ち去って、他の者がこれを受け継ぐから。このようにモーセも言う。すなわち、ある者たちが死に、他の者たちが生命へと生まれてくる、そして前の人たちをいわばひき継ぐのであるが、それも前の人たちと同じ条件においてである。こうして夜警の時が満ちると、彼らもまた去ってゆく、と。さて次節には他の比喩が続く。

第五節

あなたは彼らに大水を流します、
彼らは眠りであり、すぐに枯れる草のようです。

第六節

朝に花を咲かせても、夕べには移ろい、
切り取られて、枯れる。

ヘブル語のザーラムは元来「氾濫する」を、また洪水で起こるように「激しい力で襲いかかる」を意味する。したがって、それはもっとも表現に富んだ比喩であり、洪水によって生じるように、全人類が奪い去られることを言い表わす。こうして世代に世代が次いであたかも激流のように拉し去られる。このように語ることは、かの祝福された生活、あるいはむしろ残っている祝福された人生の価値をこの上なく貶(おとし)めるのではなかろうか。そうだとすると、なぜわたしたちはなお高慢であるのか。なぜわたしたちがそんなに大きな高ぶりによって尊大になり、エピクロス風にわたしたちの快楽に満足するがゆえに、神を蔑視するのか。むしろ、わたしたちはなぜ神の怒りを正しく評価し、人生を理解して、人生の現実がいかなるものであり、いかに速やかに破滅へと、つまり一雫の祝福から呪いの大海へと連れ去られるかを学ばないのか。

それとも、わたしたちは眠りが何であるかを知らないのであろうか。眠りはわたしたちによってそれと気づかれる前にすでになくなっている。なぜなら、わたしたちが眠ったと知る前に、すでに眠りは去っているからである。それゆえ、わたしたちの人生は実に眠りであり、夢である。わたしたちが生きているのを知るに先立って、わたしたちは生きるのを終わっている。

「草」の比喩は聖書のなかにしばしば見られる。それゆえ、聖なる預言者たちがこの詩編から多くのものを汲み出して学んでいることは明白である。ダビデは詩編三九編のほとんど全体をこの詩編から引きだしたと考えられる。しかし彼がその詩編のなかで「人間は影のように過ぎ去る」（詩編三九・六）というとき、彼はなお別の新しい比喩を用いてこの人生を描いている。また詩編七三編には「突然襲った恐怖によって彼らは、目覚めた人から夢が消え失せるように滅ぶ」（七三・一九―二〇）とあり、詩編七六編では「大胆な者たちもかすめられ、彼らは眠りに沈んで夢みる」（七六・五）とある。こうしてイザヤは「すべての肉は草であり、その栄光は野の花のようである」（四〇・六）としるし、詩編一〇二編は「わたしの日は影のように過ぎ去り、わたしは草のように萎れた」（一〇二・一二）という。詩編一四四編は「人間は空しく、その日は影のように過ぎ去る」（一四四・四）と歌う。

これら聖書の言葉がわたしたちの人生についてわたしたちに充分に教えていないとすると、どのような言葉でもっていっそう完全に人生が語られうるか、わたしにはわからない。少年時代は人生の花である。だが青年時代が近づいてくるやいなや、草の形が醜くなる。というのは人生の幸福な時の流れが心配事やさまざまな危惧によって妨げられるから。これらの憂慮を少年時代は知らないし、また恐れもしない。だから人生のこの部分は急速度の歩みをもって終りに達するように思われる。詩人も次のように述べているとおりである。

人生の最良の日々はまず哀れな人間から逃れてゆき、
病める憂愁な老年と疲労とがそれに続き、
こうして厳しくも過酷な死が奪う。(35)

したがって、この人生が花になぞらえられるのは正しい。花が咲きだすころ、色と香りをもって目をみはらせるが、太陽が沈む前に色も香りも共々に失せる。この不幸な状態にあってもなお美しい小さな花が芽生え育つから、この草の比喩は創造の祝福をこのように讃美している。だが、そんなにも速やかに葉が落ち、形が変わってくること、また生まれつきの色と香りとを保ちえないのは悲しいことである。

ヘブル語のハーラフは、ちょうど衣服が替えられるように、「変えられること」を意味する。そこからハリーフォースとヘブル語で呼ばれるが、それは「替え衣装」の意味である。したがってモーセは草もしくは花が、まさに草や花であり始めるときに、変えられる、と言おうとする。聖書はこの言葉を用いて、「天と地は変えられてゆく」(詩編一〇二・二六)と語って、天と地がこの世においてはその真の衣装をまとっているのではなく、現在はあたかも粗い毛のおおいを着せられているが、天地が新しくされるときには、もっとすばらしい別の衣服を着せられることを示す。いま大地は湿地と化し、荒れ果てているが、かの日にはあたかも宝石を散りばめ銀で造られているように輝くであろう。また山々はダイヤモンドで満ち、小川は最良の香油の流れのようになるであろう等々。というのはハーラフというヘブル語は二重に変えられることを意味しているから。つまり存在から非存在へ、また非存在から存在への二重の変化を意味するからである。

さらに、あなたが「草」の名称のもとに全人類を理解するなら、それはすばらしい解釈である。全人類は、草のように朝の早い頃、胎児から人間の形に変えられるから。全人類は闇と冬から生まれる。それはあたかも草が死んだ種子から生ける植物に生まれ変わるようなものである。だが、このように生まれ出ずるやいなや、ふたたびこの形が変えられ、自己の冬と夜に向かう。それはソロモンも、絶えざる交替により「太陽が昇りまた沈む」（集会書一・五）といっているとおりである。したがって詩編のこの節にある言葉は、季節が夏から冬へ、時間が昼から夜へ変えられるように、このような変化を元来意味する。

それゆえヤコブは「神のみもとには変化とか有為転変の影もない」（ヤコブ一・一七）と

いう。実際、夜は昼に変化してゆき、昼は入れ替って暗くなる。だが、神にはこのような変化は存在しないと彼はいう。他方、この変化は詩編がここで述べているものとは違う。なぜなら前者は自然の変化であるが、後者の詩編が語っている変化は自然の変化ではなく、神の怒りによってもたらされた変化である。

さらに、わたしが前に述べたように、モーセがこの詩編の第三節の初めに死をおき、次いで生命について自己の思想を付加していることは、大きな慰めを与えるものである。というのは死後わたしたちが生まれ変わって、身体的な死が終極に達するとき、真の永遠的な生命に移るという隠れたる希望を彼が提示しているからである。

しかし、この第六節において預言者は以前とは相違せる方法をとり、生と死を論ずる順序をこれまでと逆にする。すなわち彼は全人類について述べているがゆえに、それが最初生命にあっていかなる状態であるかを、次に死にあっていかなる状態にあるかを語っている。彼は、朝に花のように咲き出でても、夕べには移ろい切り取られて枯れる、と言う。このように順序を変えたことは何を意味しているのか。わたしたちが最初とりあげた解釈をモーセは不確かで誤っていると非難しているのであろうか。否、むしろ彼は、わたしたちの生の悲惨な有様を、それが神の目にいかなるものであるかではなく、わたしたちの目にいかなるものであるかを示すことによって、わたしたちの眼前にあらわに提示する。先に彼が「あなたは〈人の子よ、帰れ〉と言いたもう」と語ったとき、ただちに「あなたの前に千年は昨日の一日のようであるから」と付け加えている。

だが、もしあなたがわたしたちの判断あるいはわたしたちの理性的推論に従おうとするならば、事態の説明の仕方は異なってくる。なぜなら宝石や金に刻み込まれたような印章を見ることと、蠟に刻印された形を見ることとは別であるから。（わたしにこの比喩を使わせるなら、神は宝石そのものを見ているのに対し、わたしたちはただ宝石の外形もしくは蠟に刻み込まれた外観しか自分の目でもって見うるにすぎない）[36]。こうして、神の目において生命であるものが、わたしたちの目には死であり、わたしたちの許で一時的であるものが、神の許では一時的ではなく、わたしたちにとって永遠であるものが神にとっては永遠でないことになる。

この節でモーセはこのようにわたしたちの目に写るままに人間の悲惨な状態について語っている。今日生きている人が明日死ぬ事実をわたしたちは自分の目でもって見る。理性はこの死の外に、この死を越えてもはや何物も見ず、生命に向かうよりも不幸なわざわいと悲惨に常に向かう。実際、わたしたちは生まれながらこのような状態にあって、善いことに感謝せず、悪いことに忍耐がない。わたしに言わせれば、わたしたちは悪い事がらをもっとも気遣い、善い事がらを全く忘れ果てている。

ところで、わたしたちが日々そのなかに生き、それを目の当たりに見て触れ、日ごとに楽しんでいる自然の事物を観察してみたまえ。穀物や葡萄酒あるいは生活の必要上求められるすべてのものは、大地から、いな石地や山地からも生じていないだろうか。実際、無からあるものが生じる。このように不毛で醜悪な冬から豊饒で優美な夏が生じ、夜から昼が生じる。これが被造物の絶えることなき変化である。しかし、わたしたちは概して忘恩的になってこの点を無視しており、もう一つ別の変化へと目を向ける。つまり、いっそう悲惨で哀愁に満ちた変化へ目を向ける。ここでは反対に、あるものが無へと変えられ、存在から非存在へと移ってゆく。モーセはこの節でこの変化を指摘する。

そのさい彼はわたしたちの判断に従っており、まず現世の生活にみられる悲惨な状態について、次に死について説明する。

だが、ここでまた他の被造物において生じている変化とわたしたちのうちに生じている変化との相違についてわたしたちの注意を喚起しなければならない。なぜなら、わたしたちが変えられ、草のように直ちに滅亡してゆくことは、神の怒りによる変化だからである。しかし、草そのものは神の怒りによってこのように変えられるのではない。草は神が定めた秩序にしたがって生え出るのと同じくまた滅んでゆくが、何の苦痛もなく、神の怒りもそこにはない。同様に日も神の卓越せる目的にしたがってその軌道を走り続ける。だが、わたしたちが変えられて、暗い夜へと導かれるのは、神の怒りによってもたらされるのである。

こうして今やモーセはその叙述で扱われる要となる頂点へと突き進む。そして涙を流しながら神の怒りの重荷について嘆き悲しみ、次のように語っていると思われる。「他のすべての被造物の例に対立して、ただ人間だけがそんなにもわざわいに満ちた生活を営んでから、神の怒りのゆえに破滅するというのは、最悪の不幸ではなかろうか」と。人間が草のような存在であり、正しく生きることを習得するに先立って死ぬというのは、まことに悲惨である。しかし、この点で草そのものはいっそう良くかつ恵まれた状態にある。草は神の好意と笑みのうなずきによって萌え出たり、消滅したりするからである。しかし、わたしたちは、モーセが語っているように、あなたの怒りによって絶滅され、耐え難い重荷を負っている。それというのも神がわたしたちを罪のゆえに憎しみたもうことを知っているからである。

第七節

あなたの怒りによってわたしたちは消え失せ、
あなたの憤りによって脅かされるから。

わたしが先に語ったように、この節はモーセが説いている要となる頂点である。彼はここに人間と他の被造物との間に介在する相違を指摘する。人間はこのように神の怒りによって絶滅され、馳せ場を急いで破滅へと駆りたてられているが、このようなことを草や花、空の鳥や地に這う獣は経験しない。ただ人間のみが経験するにすぎない。人間は罪と神の怒りが自己の死および現世の他のもろもろの不幸と結合しているのを感じる。それに反し、牡牛、羊、その他の生物は、神の意に適って生じる定められた秩序にもとづいて、罪も神の怒りも感じることなく、消え失せる。

この節の言葉は概してモーセのうちなる冒瀆的気分をうすうす感じさせるものである。なぜならこの気分のなかに恩恵の光が指し示されていないとしたら、その結果、絶望と最高の冒瀆に陥らないのは不可能だからである。いったい誰が呟くことなく神の怒りについて思いめぐらすことができようか。

罪のない被造物であっても、当惑を覚えることなく苦痛に耐えることはできない。たとえば豚が屠られるときには叫び声をあげて、苦痛が耐えがたく悲しいことを示すし、樹木が伐り倒されるとき、めりめりという響きをたてて倒れる。したがって人間の本性はどうして神の怒りに関するこのような想念を、涙も呟きも極度の耐え難さをもつことなく、耐え忍びえようか。罪のゆえに、かつ神の怒りから、死を招いたことを知っているのに、どうして人間の本性は平然たる心をもって死を耐え忍ぶことができようか。

そこで理性は神の怒りを回避するため、軽蔑という道か、もしくは冒瀆という道かをとって進むことになる。エラスムスの対話集のなかに「エピクロス派」と名づけられた対話がある。[37]その対話でキリスト教の宗教について論じられ、この宗教は現世のさまざまな不幸の後になお永遠に尽きない火で人々を脅かしているから、頭上に落下するタンタロスの石[38]を説いている、と言われる。エラスムスは、そのような脅迫的な害悪に対しては不信と発狂よりも適切な救済手段はありえないではないか、それはあなたがそのような脅迫を真理であると信じないためである、と言う。

こういう具合に理性は論じる。というのは、現世のもろもろの禍難の後に永遠の死をも恐れなければならず、しかもそのように恐れなければならないのが、そのように不幸のきわみにある人間に対し神が憤っている怒りに由来するということは、耐え難いのみならず、神の知恵と慈しみにはふさわしくないように思われるからである。理性はそのような思想を冒瀆に陥ることなしには支持しえない。だから、エピクロスは、あなたが発狂もしくは不信となるように、不幸と死のなかにあって怒りと罪との感覚から自己を解放するように(39)、と忠告する。

だが、何と不真面目な忠告であることか。なぜなら、もしあなたが不信仰になりえないとしたら、また今あなたが軽蔑していることが、現世が過ぎ去った後に、真理であると感じられはしないかと恐れるとしたら、どうするのか。あるいは、あなたがこのまさに来たらんとする危険について考えることがないように発狂しようとしてもできないとしたら、どうするのか。したがって、自然のままである人間は、死後においても恐れなければならない、そのような主人が依然としてわたしたちの上に君臨しているのを考えれば、戦慄して歯ぎしりするほか何もなしえない。それはキケロの書物に引用されているウェレイウスが「このように彼は永続する主人をわたしたちの首の上に課した」[40]と語るとおりである。

したがってモーセが戒めていることに注目するよう努めなければならない。こうしてわたしたちは、神の怒りと死とを深く感じとることによって、自己のうちに生じたこの心の呻きを和らげかつ治めるように学ぶべきである。なぜなら、こういう仕方で神の怒りを感じることは、ただわたしたちが「愚かさ」（詩編二・一）へ立ち向かわず、患難のゆえに神を軽蔑したり冒瀆したりしないならば、それ自体として悪しきことなのではないからである。もちろん、このような試練にさいして聖徒たちが発する呻きも、何がしかの冒瀆の要素を含まないで生じることはありえない。実際、ヨブが「自分の生まれた日は呪われろ」（ヨブ三・一）と言うとき、わたしたちは彼を弁護するであろうか。あるいはエレミヤが「自分の母の胎で死ななかった」（エレミヤ二〇・一七）ので、神に対し立腹するのをわたしたちは弁護するであろうか。同様にヒエロニムスもむしろ由々しき言葉を使って、「人間はすべての動物に比べていっそう低劣である。まことに人間は現世のその他もろもろの不幸のあとで永遠の死を予感するか、あるいは少なくともそれを恐れなければならないがゆえに[41]」と言っている。これはもろもろの悪いことに対する怒りやすい心と困惑した感情から発している声である。

だが、このように苛立ち怒ることは、ただこの心の動揺を治め確かな方法によって正しく導きさえするならば、悪い兆候ではない。たしかに青年は性欲を感じるが、この感情が治められ正されるか、あるいは結婚するならば、神はそれを赦したもう。同様にキリスト教徒にも、呟き冒瀆し疑いをいだいたりする心の動揺が付きまとっているが、不敬虔な人びとのように神を軽蔑したり、あるいは絶望に陥ったりすることがないように、それらは適切に指導されなければならない。アウグスティヌスは「存在は非存在よりも善いことは自明なことである。だが、あなた自身と相談するならば、あなたはきっと反対の方がより善いと言うであろう[42]」と語っている。このような思想は神を冒瀆するものとあまり違わない。とくにあなたがそのような思想に身を委ねる場合はそうである。

しかし経験のない人びとがこの冒瀆の想念を感じた場合には、わたしも多くの場合これを観察したように[43]、その結果事実上死にいたることがしばしば起こった。したがって冒瀆の想念を上手に導かなければならない。さらに、あなたがそのような想念を感じたからといって、神から見棄てられたのではないとあなたが確信すること、このことこそ真の指導なのである。なぜなら、そのような想念をいだくにいたった原因のあるものがあなたのうちに仮にあったにせよ、それは原罪がもたらした成果であり、誘惑者なるサタンによっても助長され増大しているからである。同様に敬虔深い青年や若い婦人たちでも、自分の意志に反して燃えるような性欲の想念によって捕えられることがしばしば起こった。人は情念によって捕えられると、彼の全体が奪い取られ、情念が刺激的に駆りたてることのほか、何も見たり聞いたり考えたりできなくなる。こうして心は怒り・心配・憎悪・その他類似の情念によって支配されてしまう。

このような試練に見舞われる場合、みずから抑制する必要がある。わたしたちは聖霊によって自己を強め、そのような想念をうちに感じたからという理由でわたしたちが破滅するのではないことを自覚すべきである。若者たちが激しく性欲に燃えたり、心が怒りやその他のもろもろの邪悪な情念に駆られるということは、必ずしも情欲と邪悪とに帰せられるものではない。そうではなくて、サタンが彼らの心を刺激して煽り立て、彼らの意志に反して肉に情火を点ずることにより、結果としてそのような情念が生じる。あなたが不純な心の衝動から逃れたいと願っても、それが不可能である事態がしばしば起こる。そのさい次の忠告に従うべきである。すなわち、第一に、前にも述べたように、そうだからといって救いについてわたしたちは絶望すべきでない、第二に、わたしたちはそのような想念に逆らうべきであり、それを是認したりそれに耽ったりすべきでなく、同時に真剣な祈りによって神から援助を求めなければならない。なぜなら、そのような想念があなたのうちに生じるように許されるのは、あなたがそれに従って判断したり、それを追求したりするためではなく、反対にそれに逆らい、祈りをもって対抗し闘うためであるから。

わたしが性欲や怒りなどのかなり重い試練について語っていることは、同じくこの冒瀆の試練についても適用されなければならない。なぜなら、サタンは「自分を光の天使に装い」（Ⅱコリント一一・一四）、神の形で現われるため、わたしたちを祈りとみ言葉から遠ざけて、わたしたちを裸にした上で攻撃を加え、打ち勝つからである。

冒瀆の想念によってサタンが試練を課したとき、彼は直ちにわたしたちを告発して言う、「見たまえ、あなたの心は何という有様か。あなたは罪人ではないか」と。心はこれを承認しなければならない。するとサタンは別の言葉を付け加える、「だから、神はあなたに敵対して怒っている。どうして神は罪に対し苛立ち怒らないことがあろうか」と。あなたが少しでもこれに譲るならば、サタンはあなたを打ち倒すであろう。実にサタンはこのようにして多くの人びとを殺した。

それゆえ、あなたが敵に対抗できるためには、またあなたのこの弱さが神に知られており、あなたがそれに屈し耽溺しないなら、神がそれに憤りを発したまわないことを確信するためには、適切な指導が必要である。次にそれを示そう。あなたが罪人であること、かつ謙虚な告白をもってあなたがそれを認めること、このように謙虚にされた自己卑下(44)は神に喜ばれる。というのは神はモーセと預言者たちをとおして自己を卑下することを教え、神の律法を啓示したが、それはこういうふうにしてわたしたちを謙虚にするためである。わたしたちがこのように謙虚にされるとき、サタンが試みて絶望へ、あるいは軽蔑と冒瀆とへ促すものを、単純に受け身の苦しみとみなすべきであって、事柄そのものとも神の下した判断とも考えてはならない。それはあたかも父親から懲らしめられた息子が、むち打ちを勘当のしるしと思わないで、たとえそれが苦しみを与えても、なお彼の父は父であり、父であり続けることを彼が確信するようなものである。また重い病にかかっている人が病気の観念を遠ざけて、快復を望み見るようなものである。

このように冒瀆の想念はたしかに恐るべきものであるけれども、それにもかかわらず、もしそれを正しく導き良く用いさえするなら、良いものである。なぜなら瀆神の想念はかの「言い表わし難い呻き」（ローマ八・二六）を内に含んでいて、この呻きが「雲を貫通して」（集会書三五・二一）神の尊厳をいわば強いて赦しと救いへ向けて動かすからである。この呻きは、その他の霊的な事がらと同じく、単に感じとられうるのであって、語られることも、また経験なしには学ばれることも不可能である。それゆえ、「否定神学」と「肯定神学」に関して著述したディオニシウス[45]が嘲笑されるのは当をえている。さらに彼は肯定神学を「神は存在である」として定義し、否定神学を「神は非存在である」として定義する。しかし、わたしたちがもし否定神学を正しく定義しようと欲するならば、否定神学とは聖なる十字架と試練である、と考えるであろう。十字架と試練のなかでは神は明らかには見分けられないけれども、わたしたちがすでに語ったかの呻きが現に存在する。

そのような試練を自分自身で経験している者たちのために、あるいは試練のさ中にあって打ちひしがれている他者を慰めなければならない人たちのために、この点がもっと頻繁に想起され強調されるのは有益である。聖書の中に「小心な者を励ましなさい」（Iテサロニケ五・一四）あるいは「ほの暗い灯心を消してはならない」（イザヤ四二・三）、むしろ励ましなさいと命じられるとおりである。聖霊は、悪魔が多方面にわたって用意周到であり、いついかなる時でも絶望と憂愁のそのような想念によって、わたしたちに襲いかかろうと試みているのを知っている。それゆえ聖霊はいたるところで諭しかつ励まして、キリスト教徒たちが神の権威にもとづいて相互に教えかつ力づけ合うように導きたもう。

だから、わたしたちの間にあっても相互によく思いやり、熱心に関与し合わなければならない。つまり、あなたが神の戒めにしたがってわたしに聞き、わたしが戦いと危険のなかにあるあなたを慰め、あなたはわたしを信じるようになる。今度はわたしが同様の危険のなかにあるとき、わたしが交替してあなたに聞き、あなたを信じなければならない。たしかにわたしは神学博士であり、多くの人たちはわたしに助けられて聖書の研究が著しく進歩したと告白している。だが、わたしに匹敵するとはとても考えられない兄弟の一言によって、わたしが助けられ励まされるのを感じるということがしばしばわたしに起こった。危機の時にある場合、聖書からとって告知される兄弟の言葉のなかには、実に計り知れない重みがある。なぜなら聖書は分かち難い同伴者として聖霊を所有し、聖霊は多岐にわたって心を動かし、み言葉によって心を励ますからである。パウロは幾多の点で神の言葉に関して学識が深くはるかに熟達していたのであるが、テモテ、テトス、エパフロデト、またローマから来た兄弟たちはパウロに出会って、このように彼を慰めたのである。[46] 実際、もっとも偉大な聖徒たちでさえ、ある時期には彼らの方が弱く、他の人たちの方がいっそう強いこともある。

強い者たちが「弱い人たち」（Ｉコリント一二・二二）を、骨格が肉を担っているように、支えるべきであるというのが、今や恒常不変のキリストの律法であり規律である。だれも鼻に不潔な粘液がいっぱいに満ち、あたかも脳味噌がたまっている所のようだからといって、鼻を切り捨てはしない。そのように弱くなっているときでも、弱い人たちはなおキリストのみ国の一員である。それゆえ彼らは切り捨てられるべきではなく、むしろ護り癒し励まされなければならない。

だが、わたしたちはモーセに返ろう。今や彼は叙述の要となる頂点に達した。そこで彼は率直に自己の考えを神の前に披歴し、その後で神をいと速やかに赦しと救いへ向けるべく備えている。

モーセは言う、「あなたの怒りによって殺される、わたしたち人間とは何であるのか」と。たしかに、わたしたちの死は、単に他の生物のすべての死と不幸よりもいっそう恐るべきであるのみならず、また人類一般の死と不幸よりもいっそう恐るべきものである。エピクロスが死ぬときはどうであろうか。彼は神が存在することを知らないだけでなく、自己が現に身に負うている不幸に気づいていない。しかし、キリスト教徒と神を畏れる人たちは、自己の死がその他の現世的災害とともに神の怒りに由来することを知っている。したがって彼らは怒りに燃える神と相まみえて、自己の救済を確保すべく組み打ちするように強いられる。ところで人間がそのような戦いに先立って、すでに現世のもろもろの悲惨によって圧倒され抑圧されているとは、何とみじめなことであろうか。かりに現世の悲惨がないとしても、死の恐怖だけでも充分すぎるほど大きなわざわいであろう。なぜなら、どんな種類の生物も人間のように死の恐怖によって苦しめられることはないであろうから。

しかし、わたしは鈍感な動物について何をいったらよいのか。不敬虔な人たちの生活、たとえばエピクロスとその同類たちの生活を考えてみたまえ。彼らは実にヨブが第二一章

（九、一三節）でいっているように、「安らかな平和な家に住まい、神の笞は彼らの上に臨むことなく、その日を幸いに過ごし、一瞬のうちに陰府に下る」。これに反し敬虔な人たちと聖徒たちは、全生涯を通じて死とその他の事がらに対するさまざまな心配によって弱り切っていて、日々の恐怖と生活の不確かさとによりサタンから攻撃される。なぜなら、彼らは神が罪のゆえに怒りたまい、罪こそあらゆる不幸の原因として現に存在していることを知っているからである。このことを理性も、異教徒たちも知らない。恐れと神の怒りに関するこの種の想念をわたしたちが経験するとき、これが悪い兆候であるかのように考えて絶望してはならない。後に（本書一二節で）モーセがこの怒りについて熟考しうるように神から祈り求めるのをわたしたちは聞くであろう。

人間精神の安心しきった自己満足が、いかに戦慄すべきものであるかをわたしたちは知っている。彼らは自己と他者に日毎に襲っている、きわめて不快な災禍が告げ知らされているのに、神を求めようとしない。イザヤが、「しかもなお、この民は自分たちを襲った者に帰らない」（イザヤ九・一三）と語っているとおりである。彼らは実際、豚に似ている。そして明らかに感受性が全く欠けている。その心は神によって加えられた災禍に気づかない。

しかし神は、わたしたちが少なくとも自己の哀れな状態を理解し、打たれた傷により改善されることを欲しておられる。だから、あなたが罪に対する神の怒りのゆえにさまざまな害悪が加えられたと感じ、したがってまた耐えきれなくなって、時に呟くようなことがあったとしても、そのゆえに意気阻喪してはならない。なぜなら原因はあなたにだけあるのではなく、サタンもそれに与っているから。彼はパラダイスで人間に教えて、神が命じたことだけで満足してはいけない、そのことの理由を問わなければならないと唆した。ここから耐えきれなくなって次のような声が発せられる。「なぜわたしたちは生まれたのか」、「なぜわたしたちの運命は動物と同じでないのか」等々と。

聖徒たちも確かにこのような試練によって苦しめられる。また修道院にもこの試練がまったく知られていなかったのではない。修道士たちはそれを霊的な瀆神と呼んだ。そしてジェルソン(47)もさまざまな方法で試練に対抗する慰めを提供している。彼はある種の比喩を用いる。鷲鳥が鳴き声をたてているのをわたしたちが無視するように、この試練もたとえ感じられたとしても、無視し心から追放されなければならない。また吠えている犬をあなたが押さえようと熱心に努めれば努めるほど、いっそう激しくなり、いきりたつように、この種の瀆神の想念もそれに耽けることによって挑発すべきではない、とジェルソンは比喩を用いて忠告する。『教父たちの生涯』という書物の中に他の比喩の例があげられているのを見いだす。そこにある人がこの種の想念を広々とした大空に飛んでいる鳥に似ていると教えている。鳥が頭上をあちらへまたこちらへと飛んでゆくのを禁じることは、わたしたちの力に及ばないことであるが、頭の毛の中に鳥が巣を造らないようにすることは、わたしたちの力のうちにある、と彼は言う(48)。

したがって、このような想念は、わたしたちを越えたある他の原因から、つまり悪魔から生じたものである。だから、この想念がわたしたちのうちに生じて来ないように阻止することはできないが、わたしたちがそれに身を任せて罪の中に引き込まれないように警戒することはできる。この点は事前の注意として、かつ霊的事物にかかわる大いなる経験からの伝承として伝えられている。それゆえ、わたしたちもサタンがその「火矢」（エペソ六・一六）をわたしたちのうちに射込むとき、このようにしてみずからを慰めることができる。すなわち、そのような想念は悪魔とわたしたちの弱さとに由来する思いであると考えるべきである。わたしたちの弱さは生まれながら忍耐のないことと呟きとに傾いている。したがってサタンはそこにわたしたちを襲撃しうる開かれた窓を見いだす。だが、わたしたちは悪魔の憤怒だけに目を向けるべきではなく、神の計画にも注目すべきである。なぜなら神はこのように傷つけられた心に恩恵を約束したもうたのであり、したがって神に向かってわたしたちが呻いて嘆息するようになるため、わたしたちが辱しめられるのを許したもうているからである。そういうわけで神はモーセを紅海の辺りで最大の窮地へと導いたのであった。それも神がモーセをそこで滅ぼし、エジプト人たちがユダヤ人を破ってから彼らを無事に祖国に帰らすためではなく、モーセが、自己の意志によって民をこのような災禍へと投げ入れてしまったかのように、ただひとり罪過を担っていたのを、祈りへと導いて救出するためであった。またモーセは自己の罪過による危機に気づいていたので、沈黙して何も語らなかった。だが、それにもかかわらず神は「なぜあなたはわたしに向かって叫ぶのか」と語っている。したがってモーセはそのような危険に出合って滅びたのでも、滅びるために試みられたのでもない。そうではなく聖霊によって助けられ、衷心から神に向かって呼び求め、かつ解放されるために試みられたのである。同様に瀆神の想念を感じていても、前に述べたように、それを抑制し正しく導く人たちも滅びることなく、かえって解放されるようになるであろう。

若い人たちのうちに性欲の火口（ほくち）がくすぶっているように、霊的な人たちのうちに悪魔はその悪巧みをしかけ、彼らを絶望へと駆りたてる。人間が救いを達成しようとするのを見ると、悪魔は罪と死にわたしたちを引き渡す、怒りの想念と神の怖るべき審判の実例とをもって心を刺激する。そうすると人びとは、自問自答しはじめ「なにゆえ神はわたしたちをそのような永遠の災難により抑圧するのか」と思いめぐらす。このような議論に心の耳を傾ける者は、次第に神の怒りの感覚によって満たされるようになり、不安と戦慄のためにどこにも立ちえないようになる。それゆえ、このようなことが感じられるとき、わたしたちは絶望の時ではなく呻くべき時が来ていると確信すべきである。だから、あなたは解放されることを求めて呻きなさい。解放と救いは確実に与えられるであろう。だが、なぜ神はこのようなことが生じるのを許したもうかという理由を、サタンがみずから神に問え、と彼に命じなさい。というのは、そのような災難と他のすべての試練とにわたしたちがさらされるのは、わたしたちが謙虚にされるためであって、呪われるためではないから。

また、このことこそモーセがこのような論述を開始せんと意図し、神の怒りと関連しているがゆえに、人間の災難を他のあらゆる不幸にまさって強調したことの理由でもある。したがって神のあわれみに対する信頼によってみずからを確立しない者は、絶望もしくは瀆神のほか何ものも感じないであろう。これに反し神の意志は、わたしたちが絶望することにあるのではなく、使徒たちと他の聖徒たちが同様の試練に打ち勝ったように、キリストによってこの試練に勝利することにある。神に自己の生涯を捧げた聖女たちもこのように自己の性を感じたし、殉教者たちも自己犠牲の苦痛を感じたのである。だが両者とも自分の感情を正しく導いて、それに打ち勝った。

このように、すべての聖徒らは神の怒りを感じているが、キリストによってそれにも勝利する。この怒りの感情は肉を殺すことに関係する。肉が滅ぼしつくされることは、それだけで充分なほど大きな悪である。ところが、実に人間の理性が神の言葉によって教えられ、聖霊によって助けられないならば、神の怒りによって滅ぼされるということは、理性が打ち勝つすべを知らないことがらである。

第七節の後半は「あなたの憤りによってわたしたちは脅かされる」とあるが、これは元来死の恐怖について述べている。もし死の恐怖がないならば、死はまことに眠りのようなものであろう。なぜなら死んだ蛇は、蛇の外観を保っていても、毒を欠いて害することができないように、死も、もしこの恐怖がないならば、まことに死んでいるであろうから。まさしく恐怖こそ死の毒のようなものである。だから臨終の時のみならず、生のさ中にあっても、たとえ呟くことなしに耐えることができないとしても、死の恐怖を経験しないように祈るべきである。パウロも「外には戦いがあり、内には恐れがあった」（Ⅱコリント七・五）と言っている。さらに日々の生活においても、安心しきっていびきをかくことがないように、この恐懼によって古い人を殺しかつ覚醒する必要がある。

それゆえ、少年たちが笞でもって正されることができない場合、太い棍棒によって矯正されなければならないように、身体的刑罰によっても改善されず、神に対する畏怖を学ぶことができない人たちは、地獄の火と神の怒りの感覚によって打ち砕かれなければならない。それは彼らが無感覚のうちにいつまでも留まることがないためである。しかし彼らが神の怒りを感じはじめるや否や、彼らを希望へと招き力づけるべきである。

死の恐怖だけでもすでに一つの不幸であり、この不幸は他のすべての被造物よりもわたしたちをいっそう悲惨なものとする。他の被造物は可変的であり死に服しているといっても、神の怒りの前に恐れおののいて生きているわたしたちほどには、神の怒りのゆえに変化を受けることはない。

今やモーセはもう一つ別の不幸を追求しようとする。それはわたしたちが罪によって抑圧されているということである。このことを他の生物は感じもしないし経験してもいない。

第八節

あなたはわたしたちの不義をみ前におき、
わたしたちの隠れた罪をみ顔の光の中におかれた。

人間は死を恐れて生きていると前にモーセは語った。どうしてこのようなことが生じているのか。それはわたしたちが罪をもち、「罪が支払う報酬は死である」（ローマ六・二三）から。それゆえ良心が罪を意識するとき、怒りの神をもち、そのため死ななければならないことのほかに何も感じることができないし、判断できない。

ヘブル語のアルメーヌーという単語は「わたしたちのうちにある隠されたもの」、もしくは「秘められたもの」を意味する。「これらのものをあなたはいわば明るい太陽の光のなかにおきたまい、かつ見たもう」とモーセは言う。またヨブが語っているように、「あなたはわたしを罪のない者とさせておかない」（ヨブ九・二八）。このように考えるのは神を冒瀆することからそれほど遠ざかっていない。とくにあなたがそのような言葉を思いめぐらしている心中を覗いてみるなら明らかであろう。心は罪から自由になりたいと熱望している。だが、「それはわたしにはできない」と心は言う。それが不可能なのは誰の過失によるのか。それはもちろん神の過失なのだ。神はわたしたちのうちにある最も秘められたものを見たまい、何も大目に見ないで、一切を調べ、もっとも些細なものをもその台帳に記録しているからなのだ。このように心が考える結果、まことに天地がわたしたちの罪に満ちあふれているように思われるがゆえに、自己の最善の行為さえも不愉快なものとなる。

これは、わたしたちが罪と死との自覚をもって参加し、神がわたしたちと共演するドラマのクライマックスである。このことに気づいて自己の不幸について嘆息し、自己のうちに呪いのほか何もないと判断することは、先にもわたしが語ったように、悪いことではない。あなたはかならずこのように嘆息し、呻くべきであり、次にこの呻きにもとづいてあなたは生を確立しかつ治めるように試みるべきである。そのとき、あなたは救いを感じるようになるであろう。

さらに、ここでとくに考察すべきことは、いかなる人も自己の罪の全体を見通すことができないというこの節の文意である。とりわけあなたが原罪がもっている強度に注目するならば、それは明らかであろう。それは何も驚くべきことではない。たとえわたしたちのすべてがウェルギリウスとかオウィディウスに匹敵する詩人であっても、誰が一体、万人に知られている情欲という一つの罪をあますことなく叙述できようか。それゆえソロモンも「男が女にあう道」（箴言三〇・一九）は探索しがたい、つまり、愛する者のうちなる情念は誰によっても説明されることも、あますことなく表現されうることもない、と言う。ましてや、逆境の中での忍耐のなさ、もろもろの冒瀆、神に対する呟きなどのような、情欲以外のいっそう重い霊的な罪を、充分に認識することができるであろうか。不信というただ一つの罪をとってみても、それはどんなに測りがたい深淵であることか。まさにそれゆえに罪に対し怒りを発せられた神が途方もなく巨大であるだけ、罪は巨大である。そのような神を実に天と地は捉えることはできない。したがって罪は正当にも隠されたものと呼ばれる。この罪の巨大さは人間の精神によっては算定されえない。死と同じく神の怒りが無限であるように、罪もまた無限である。

しかし、モーセが欲しているのは、わたしたちが心から畏れおののいて、神に向かい恩恵を呻き求めることを学びかつ信じることである。そのとき、わたしたちは神を嘲ける者の群に属さないであろう。むしろわたしたちは死のきわにいたるまで砕かれ謙虚にされ、「重みのある永遠の栄光」（Ⅱコリント四・一七）を神の恩恵によって望み見るであろう。

このように律法の鉄槌により砕かれ謙虚にされた者たちは、サタンの火矢を倒すように教化されることができる。サタンはわたしたちを促して、神はなぜこのようにわたしたちに関わるのか、ヨブが語っているように「この干からびた葉に敵対して」（ヨブ三一・二五）神はその全力を行使するのか、と理由を問わせるのである。このような疑念がふいに心を襲うことがありえても、こわがってはならない。むしろこの疑念も罪の罰であり、悪魔の放つ「火の矢」（エペソ六・一六）であると確信しなさい。悪魔の放つ火の矢は「信仰の楯」によってはじきかえされるのみならず（同）、それは原罪によってもたらされた自己満足の安心と高慢とを打ち倒すのに役立つ。

したがってモーセは、ここに人間のわざわいにみちた状態について語られうるすべてのことを語っている。わたしはこのことがもっと良い、あるいはもっと重々しい言葉でもって表現されうるとは思わない。なぜなら彼はその論述を最終的帰結へと導いていって、これらのわざわいの原因が罪であり、たとえ罪がわたしたちと全世界とに隠されていようとも、神の目の前に、また、神の明るい光の中にあらわであると語っているからである。これ以上に重みのある何が語られうるであろうか。

とはいえモーセはこれまで父なる神に対して、あの子としての呻きを続けて守っている点で、他の神の冒瀆者たちと相違する。彼は神から顔を離さない。彼は神を見くびらない。彼は神を冒瀆しない。そうではなく天真爛漫な面持ちで子供のように呟き苦情を述べている。不敬虔な人たちはこのようなことを、神の怒りを感じているとき行なわず、ユダ、カイン、サウルのように、神の慈しみに対する希望をすべてあなどり、神に対する憎悪に激烈に燃える。彼らは心のうちに神を冒瀆し、ますます罪を重ねる。今や次のように続いている。

第九節

わたしたちのすべての日は、
あなたの怒りのうちに消え去り、
わたしたちの年の終わるのは言葉のようである。

わたしたちが「消え去る」と訳しているヘブル語のパーヌーという語は人間の生命の著しい低下もしくは縮小をあらわす。その意味は、人間の生涯が目のくらむような速さで逃れ去るため、いわばこちらに到来するとき、その面をわたしたちに向けることなく、かえってその背を向けるようであるということである。その有様は詩人ウェルギリウスが優雅に歌っているとおりである。

人生の最良の日々は哀れな人間から
先ず逃れゆき、病いがそれに続く等々。

そういうわけで、もしアダムが罪を初めて犯した日から時間の最終節にいたるまでのすべての年を数えるならば、このすべての年は全人類とともに生じた退却と逃走にほかならないであろう。静止せる不動の持続といったものは存在しない。むしろ詩人オウィディウスが語っているように、

時が経ち、年が黙する間に、我らは老いる。(49)

この事実をモーセが最初に教えたのでも、彼だけが教えたのでもなく、全人生をきわめて急速な逃走になぞらえた族長たちから彼は学んだ。(50) しかし、はるかに重大な点は、単に人生が逃れ去ると彼が述べていることではなく、人生の逃走自体が怒りたもう神から加えられた罰でもあるということである。このように長生きできないという不幸を他の生物も耐えているが、生物にあってはこれが神の怒りから生じているのではない。したがってモーセはここで彼の流儀にもとづいて、わたしたちに自己の不幸をこのように想起させること

とによって自己の義務を果たす。それはわたしたちの心が大いなる危険によって徹底的に震憾され、あらゆる自己満足の安心を脱ぎ捨て、神に対する畏怖によって同時に祈ることを学ぶようになるためである。

彼が付言して「わたしたちの年の終わるのは言葉もしくは話のようである」と述べていることも、紛（まが）うかたなく極度に悲惨なわたしたちの生涯の縮小と関連する。ウェルギリウスの詩もしくはその一節が朗読されるとき、その音声があたかも消滅してゆくように、わたしたちの人生も消滅してゆく。なおこの比喩は、それを実体にしたがって理解しても、また運動にしたがって理解しても、いずれにおいても最適のものである。[51] 実体に関していうならばこれまで誰も言葉の本質を知っていない。言葉は耳に触れる音である。しかしあなたは音の始めも終りも知らないし、音の本質も起源も知らない。あなたが話し始める前には音はなく、話し終わったときにも音はない。音のほかには言葉の本質をわたしたちは何も知らない。

わたしたちの人生もこういった性質のものであるとモーセはいう。つまり瞬時にして終わり鳴り止むエコーのようなものである。

次にこの比喩をむしろ運動から理解しようと欲するならば、それもまた正しい。事実、人間の声よりも速いものに何があろうか。視覚はなるほどいっそう速いけれども、ただ一つの対象に結びついて離れない。そして同一の瞬間に多様な対象に向かっていって正しい認識を獲得することはできない。しかし、話は瞬く間に、しかも完全に、口から発せられ響くと同時に、同一の瞬時にあるいは一瞬のうちに、すべての人の耳に入ってゆく。詩人たちが翼をもったマーキュリーを創作したのもこの理由であった。[52] ホメロスの形容語句「翼をもった言葉」[53] とかオウィディウスの「言葉が飛びだすともはや呼び戻し難い」[54] というのもよく知られている。

したがって、あなたがこの比喩を言葉の実体として理解するにせよ、あるいは運動として理解するにせよ、それは人生の短さについての最も著しく縮小されたことの表現である。というのは、わたしたちは自己の人生の始まりも終りも知らないから。むしろ音の響きが止むと、そこには音の前にも後にも何も残っていないように、わたしたちの人生も短いとモーセは言う。

鶯は小さな鳥であるが、その声は天地に響きわたる。しかしこの声がどこで響きはじめどこで止むかを知らない。わたしたちの人生も同様である。

それゆえ富、権力、地位をだれが誇ることができようか。これらのものは単にはかないものであるのみならず、わたしたちの人生も一瞬の間にすぎないから。

第十節

わたしたちの齢（よわい）は七十歳（ななそじ）、長くて八十歳（やそじ）にしても、
その最善のものは、苦悩と疲労であって、
年月は速やかに過ぎゆき、わたしたちもまた飛び去る。

もしわたしたちが自己の年と神の年との間を比較するならば、七十歳は一瞬もしくは極小な点にさえ等しい値ではない。七十歳は苦悩と悲嘆であるような、わたしたちの齢「それ自身において[55]」とモーセが述べているように、彼は神と人との間で年齢を比較しようとしている。

さらに七十歳と八十歳とは数学的点にしたがってではなく、物理的点にしたがって理解されなければならない[56]。なぜなら七十もしくは八十は、それ以下もそれ以上もないように、絶対的な意味で考えられているのではないから。むしろ人びとは通常この年に達しているので、モーセはこの共通している齢の境界を立てる。実際、この境を越えて長生きするこ

とは人生と呼ばれるに値しない。なぜならば人生にとって自然的であるもののすべてを欠いているからである。そのような人びとは飲食を味わい楽しむことができず、何事をなすにもほとんど役に立たないで、ただ苦しみのなかにのみ生きのびられるにすぎない。

しかし、神との関連でみるならば、人に立ち勝った高齢といえども、きわめて速やかに消えてゆく口から出た響きのようであり、わたしたちの下では労苦と悲嘆のみ感じられる飛走のようなものである。

ここでわたしが言おうとすることを考えてみなさい。老人がすべてこれらのことを経験し苦しんではいても、いわば充分な理解力をもって感じている人がごく少数であることは、大きな悲惨ではなかろうか。ドイツの格言にも「愚かな老人たちほど愚かしいものはない」といわれているとおりである。このような悲惨な年齢に到達していても、老年、死および類似なことが罰であると理解している者はいかに少ないことか。彼らは驚くべき愚かさによって単に感覚においてのみならず、情念の欲望においてもしばしば若返るのである。ああこれにまさる悲惨な不幸はない。

しかし、ここに一つの疑問が起こってくる。現代はモーセ時代よりも寿命が短いのか。

またモーセ時代にはすべての人が一般に七十もしくは八十の齢に達したのかと。実際モーセは百二十歳に達したが、ダビデは八十歳に達しなかった。したがってモーセはこのきまった年齢数を一般の人びとが達するあたかも中間の数としておいている。わたしたちが古代人の習慣にしたがって節制をもって生き、過度の放蕩と酩酊によって健康と生命を害しさえしなかったならば、今日わたしたちの年齢はそれほど衰えはしなかったであろう。古代人たちは厳しい規範にしたがって最も単純な人生を生きた。それゆえ生活の費用を負担することは彼らにとって容易であって、当然期待された年齢に達したのである。わたしたちも、かりに同じ節制によって身体を治めるとしたら、この年齢に達することができるであろう。

わたしたちの時代に人間の寿命が多少短くなったと考える人たちの意見をわたしは否認しないけれども、大洪水以前には五百歳とか四百歳が一般に人びとの到達した平均的な身体的な年齢であった。なぜなら族長たちは八百歳や九百歳にまでも達していたから。しかし大洪水以後人間の寿命は大変衰えたように、わたしたちの世代はダビデの世代よりも幾分衰微していると思われる。それゆえ、モーセがあたかも年齢の一般的境界を七十歳においているように、わたしたちは現代の境界を四十歳もしくは五十歳においてもよかろう。というのは六十歳に達する人はごく僅かであり、彼らは老境に達していると考えられているから。[57] このことは驚くべきことではない。ある人が単純で節度のあった古代人と比較して、現代の節度を欠いた生活の仕方に即して評価するならば、むしろ驚くべきことは現代でも六十歳に達しうる人がいるという事実である。なぜなら節度を欠いた両親から生まれた子供たちは必然的にいっそう弱い身体をもって生まれてこざるをえないから。このように生活の仕方に節度がなくなったことだけをみても、人間の寿命がある程度衰微したことは容易に判断できる。

だが、ここで身体的な構造の欠陥について天体からその原因を導きうるとする議論については哲学者と数学者にわたしは譲る。[58] わたしたちにとっては日々の経験で充分に足りる。不快な老年についてここで論じる必要はない。キケロの書物のなかでカトーは老年を弁護して、老年の不快はまったく取るに足りないと大変苦心して述べている。[59] だが事態は言葉に勝っており、共通の意見はそれに対立している。この人生を味わい深くしている香気のすべてが老人からほとんど剥奪されていることは、大いなる不快ではなかろうか。

キケロはプラトンの著作からソポクレスについての物語を引用している。[60] すでに年とって衰弱した彼にある人が性的なことをなお楽しんでいるかと尋ねたとき、彼は「とんでもない。それは狂暴で猛々しい暴君のようである。わたしはこの主人から実際逃れたことを歓びとしている」と答えた。キケロはソポクレスのこの返答をいたく賞讃している。だが、わたしたちが事態を冷静に判断するならば、青年のもっているただ一つの情欲の場所に老年においては、わたしに言わせれば、百倍も嘆かわしくまた有害な情欲、つまり妬み、怒り、憂慮、短気、悲嘆、およびこれらが仕立てた悪い実例が押し入っているのを見いだすであろう。したがって喜劇作家は正当にも「老年はそれ自体で病である[61]」と言う。老年は自己にとっても他者にとっても重荷である、不快な生と呼ばれるのは正しい。

若干の人びとが老年を他者にとって煩わしくなく、自己にとっても不愉快でないように生きたとしても、これら少数の人びとは残りの全群衆に対比してみると一体何であろうか。なぜなら古い諺のなかで言われているように「一羽の燕が夏を作る」わけではないから。アーマールとアーヴェンという二つのヘブル語はたいてい比喩的に用いられているが、ここでは字義通りの意味である。それはヨブ記五章（七節）に「人が生まれて疲労と苦悩に向かうのは鳥が飛行に向かうに等しい」とあるとおりである。しかし聖書は別の箇所でこれらの単語を捏造された宗教あるいは偶像崇拝に対して用いている。その理由は、すべて迷信と偶像崇拝は人間をまさしく責め苦しめるからである。その様は自分自身の上に必要以上に苦悩を積み上げている者が、ドイツ語によって「悪魔の殉教者」と呼ばれているようなものである。また「天国よりも地獄の方がより多くの汗と労苦によって備えられている」というドイツ語の格言もある。たしかに虚偽の宗教もしくは偶像崇拝は心のまことの喜びと主なる神にある平和をもつことができず、必然的に心の不安と混乱をもたらす。だからこの二つの名称、「苦悩」と「疲労」は偶像崇拝にみごとに的中している。

もし神のあわれみに対する信仰と希望によって生まれ変わった人たちによって――彼らは「新しき人」(エペソ四・二四)であり、老いることがありえない――このような悪がとり除かれていないならば、またとり除かれていない限りに、人生の全体は悲嘆と労苦なのである。

この節の第二部に「年月は速やかに過ぎゆき、わたしたちもまた飛び去る」と述べられていることを長々と説明する必要はない。なぜなら、わたしたちは経験によりその内容が真理であることを学んでいるから。

子供のころわたしはある物語を聞いたことがある。ある古老が神に祈って、なおどれくらい永く生きながらえるかを示していただきたいと願い求めた。彼がなお千五百年生きのびることを知ったとき、彼は家屋ではなくて、自分にだけ足りるような掘っ立て小屋を荒地にまず建て始めたということであった。この物語を創作した人がだれであろうと、その人が確実に示したいと願ったことは、このように多くの歳月からなる人生といえども、飛走と急速なる移行に他ならないということである。しかし、今日人びとはこれに反し、永遠に生きながらえるかのように、家を建築している。

第十一節

誰があなたの怒りの力を知り、
誰があなたの憤りを恐れるのか。

これはモーセが今日まで叙述してきたことを完了する宣言である。彼はいう、「あなたの怒りの巨大さとあなたのそんなにも戦慄すべき憤りとを考察する人はごく僅かである。ほかの人たちは、あなたの憤りが彼らの頭上にのぞみ、支配し、立ちとどまっているのに、無頓着に生きている。彼らは自分が罪のうちにあり、あなたが怒りたもうていることを考えようともしない。なるほど自分の不幸に気づいているものの、それを承認しないし、〈信じ〉てもいない。また動物のように生きており、あたかもその正反対の状態にあり、最高の恵みのうちにあり、永遠の生命のうちにあるかのごとく考えている」と。このように彼らは人生の不快なことのすべてを心と眼から取り去り、自己に満足し、神を冒瀆し、あるいは神を軽蔑している。彼らは七十年の歳月を生きて、それがあたかも永遠であるかのように考えている。

実際あなたが見いだすのは、かの永遠の生命よりもこんなにもわざわいに満ちた生活をあえて選ぼうとし、自分が不死性(62)へと向けて造られていることに敵意をいだくような人びとである。その有様はある農夫について物語られているのと同様である。彼は牧師から天国についてまた祝福された者たちの交わりについて多くのことを聞いたとき、もしわたしたちが必要としている穀物だけでももつことができるとしたら、あなたは天国をどれくらい讃美するのか、と叫んだ。「わたしたちがいま麦粉を得ているなら、何とすばらしい天国であろうか(63)」。このような人間どもは死について何も気づかず、まことに無感覚になって、動物のようにあらゆるものを無意味と見なすのである。

この節でモーセは、人間が極度の禍難を感じながらも理解しえないほど愚かとなっている、この盲目さを大いに嘆いている。人間は、鞭打ちに耐えるよう慣らされている奴隷のように、神の鞭によって正されることがない。そこでモーセは言う、「わたしたちすべてはこのようなものであり、信じられないような心の愚鈍さによって労苦しても、自分が感じる不幸を理解することができない」と。さらに彼はこの節で、彼がこのような叙述を企てた理由と、叙述が向けられている人とを明らかに示している。もちろんそれは無感覚になっている罪人のためであり、彼らが自己の不幸を認識するように導くためである。というわけは、わたしたち人間が数えきれないほど多くの不幸のわざわいのうちに、またこんなにも短い人生と危険のうちに、むしろ永遠の死にいたる確実な運命のうちに生きていて、しかもなおわたしたちがこのことを感じもしなければ、充分に理解もしていないという、このことこそ最大の悲惨事だからである。このように大きな愚かさを誰があますことなく説明できるであろうか。

哲学者たちは人間を理性的動物であると定義している。しかし、この定義は神学においても真理であると誰が言うであろうか。[64] 事実ここで人間はロトの妻のように「塩の柱」(創世記一九・二六)である。なぜなら彼女は神の大いなる怒りを理解せず、愚かにも数多くの死の危険に、しかもしばしば自ら意志し、かつ、それと知りながら、落ち込んだのであるから。

この節でモーセはわたしたちの眼前にこのようなわたしたちのわざわいを立てる。彼はわたしたちが神の前に告発され、呪われていることを告げ、その結果わたしたちの目が開かれて、信仰によってそのような安心しきった無頓着さを脱ぎ捨て、救いを求めて祈るようになることを欲する。というのは永遠の死と罪によってわたしたちがこのように抑圧されていても、それでもなおわたしたちははっきりと告知されないと、それに気づかないし、告げ知らされていても信ずることができないからである。ところで現世の不幸についてのかの一時的側面をわたしたちが理解し信ずることができないとしたら、ましてや永遠の死と、永遠の生命についての霊的側面をどうして信ずることができようか。これはまことに偉大である。だが「誰がそれを信ずるのか」とモーセはいう。

「誰があなたの憤りを恐れようか」（十一節）

あなたの憤怒はあなたの存在と同じだけ大きい。だから、あなたの憤怒は無限であり、その怒りは測りがたい。だが、それでもなお人間はこれに気づいていない。その有様は喜劇のなかの人物に似ている。彼は雷鳴を轟かすユピテルに対抗して屁をかまして嘲笑する。(65)このように人びとは平然として神を軽蔑する。「生のさ中にあってわたしたちは死のうちにある」。それにもかかわらず、わたしたちは脅えることなく、信じることなく、あらゆる危険がつねに首もとに落下しているときでも、まったくの無頓着のままに悠然と歩いている。

しかし、そのようなモーセの嘆きの声のなかには嘆願がこめられている。すなわち彼はこのような有害な安心しきった態度が、彼自身の心とすべての人の心から取り除かれ、信仰によって心に火が点じられ、彼の言説が真理であると人びとが信じ、こんなにも大きな神の怒りのゆえに恐れおののくことを求める。なぜなら彼の言説を理解し、それが真理であると確信する者は、生き方を正され、進んで自分を教師たちに委ねるからである。他の人びとは呪いのうちに止まり、自分の危険を経験するまで、それを平然と軽蔑している。それゆえ死と神の怒りとの自覚、かの恥辱と悔悟がここで痛切に求められなければならない。

第十二節

わたしたちの日の数を知るように教えて、
知恵の心によって歩ませてください。

この詩編の初めからここにいたるまで、モーセによって現世の後に他なる生活が、しかも単に他なる生活ではなく、怒りの下なる生活かあるいは恩恵の下なる生活かが続いて来ることが示されているのを、わたしたちは聞いたのであった。もしそうでないなら、つまりもし他なる生活と他なる世界とがないならば、現世を超えて、むしろ現在おかれているこの世界を超えて、そのような主なる神を呼び求めることは無益であろうから。人間の目は神を皇帝を見るようには観ないし、その耳は人間に聞くように神に聴くことはない。むしろ神は人間の視界を超え、いなむしろ人間の心の思いを超えて存在したもう。それは異教徒の書物の中で明らかに示されているように、神について語られたとしても、怪しげにしか語られていないのである。さらに、いかなる礼拝を人びとが執り行なおうとも、現在の生活のためにそれを行なっているのであって、将来について考えているわけではない。

旧約聖書の中には永遠の生命と死人の復活について多くの証言がみられないという意見が神学者たちの学園で一般に支持されている。ところで、預言者たちや他の聖徒たちが、わたしたちに見えるすべてを超えて住まいたもう神に向かって語りかけ呼び求めているのを観察するならば、そのような神に対する呼びかけそれ自体において、現世を超えた他なる生——それが恩恵の下なる生活であれ、神の怒りの下にある生活であれ——が、存在していることが告白されているのを直ちに見いだすであろう。

同じく十戒の第一表（第一—五戒）は神が存在したまい、神を畏れる者たちにはあわれみ深い審判者であり[66]、安心しきって悔い改めない者たちには峻厳なる審判者であることを教えるとき、単に現世の後に他なる生が存在するのみならず、将来の生の状態が恩恵の下にあるか、あるいは怒りの下にあるかをも明瞭に教える。この種の証言は確実に存在しており、スコラ神学者たちが戯れ言をいうようには稀ではない[67]。

この詩編講解のだいぶ前のところで、いかなる理由によってモーセが見るべからざる、すべて可視的なものを超えて立ちたもう神に向けて、わたしたちの生と死の全体を関係させたかに、言及したことがあった[68]。それはわたしたちを神に対する畏怖と見るべからざる神に対する尊崇の念に導き促すためであり、同じく、将来の怒りに対する恐れと永遠の生命に対する希望をわたしたちに点火するためである。またこの点では異教徒たちの著作は聖書と相違する。異教徒たちは、神が存在し、死後においても人間を配慮したもうということを、確信をもって語ることができなかった。モーセは彼らとの相違をここに示し、さらに続く節でもっと詳しく、いっそう明晰に語っている。さて、この詩編の第二の部分に入ってゆくことにする。

この詩編の第一部においてモーセは委細を尽くして人類のわざわいのすべてをわたしたちの限前に描きだした。他にもわざわいについて述べていたが、その中でとりわけ最悪の事態として彼が考えているのは、原罪の結果生じた邪悪と罰がとても大きいため、わたしたちが現に耐えている悪に気づいていないということである。それゆえ預言者たちと最も偉大な聖徒たちのすべては、人間が少なくとも自己の悲惨さを認識できるように、祈ることを強いられる。

したがって、わたしたちが原罪を性質と呼ぼうと病気と呼ぼうと、たしかに悪の極限の姿は単に永遠の怒りと死とを〔罰として〕こうむっているだけでなく、また現にこうむったり経験している悪をそれとして認識していないということである。だから人類が現に見ている悪、たしかにそれが現象してるのを経験している悪を認識できるように、全人類のために祈らねばならない。それに加えて現世は単に極めて短いばかりでなく、さまざまな悪に服しており、身体的な災難の後に永遠の悲惨を予想しなければならない。こういう悲惨をもたらした原罪が知られずに隠されていることは、大変悪しきことであろう。だが原罪の結果たる罪の罰自体が隠されているのは、それよりもさらに悪いことであって、この原罪の結果は、痛みを感じない重い皮膚病のようにではなく、まことに当たれば痛いと感じる石のような本性をもっている(69)。

そこでモーセは、主なる神がわたしたちに自己の日を数えることを教えたもうように、祈っている。このことは、モーセがあたかも死ぬ日や時とかいう死期が告知されるように欲していると、理解されてはならない。そうではなく人間が真剣に自己の生について、それがいかに悲惨であり、わざわいに満ちたものであるか、またそれが影のように逃れゆき、怒りか恩恵かに服する永遠性に向かって突き進まねばならぬかを、わたしたちが熟考するためである。彼はわたしたちが無限の歳月が自分にあると空想しないため、そのような算術をする者となるように望んでいる。それはとくに暴君たちがよく行なうように最高の長寿を考えたり、あるいはたった一度の不運に見舞われたときに、危険がことごとくなくなるように希望しないためである。こういうことは、死がいつものぞんでおり、他のもろもろのわざわいが重くおおっているのに、これらを無視し軽蔑している場合には、最大の悲惨事なのである。

この悲惨な事態に対決して彼は祈る。聖霊によってわたしたちが自己の日を数えるようになり、死と他のもろもろの危険とからなる試練によってかえって千々に砕かれ、自己に関しては自己が何者であるかを考察し、また現世の百年でさえ数学的点と最短の瞬時に等しいものとみなすように、彼は祈る。モーセがここで教えている真の根拠に立った尺度をもって、わたしたちの人生を評価するならば、人生はたしかに彼のいうとおりである。

この節でモーセがこんなに真剣に、こんなに熱烈に祈っていることを、わたしが見いださなかったならば、わたしは彼のように祈るべきであることに気づかなかったであろう。わたしは自分が死の危険を恐れているのと同じく、すべての人たちの心もそれを恐れおののいていると考えていた。ところが、この状態を注意深く観察する者によって明らかに発見されることは、一万人のうちかろうじて十人しかこのように恐れていないということである。残りの全群衆はあたかも死が存在せず、神も何ものでもないかのごとく生きている。人びとが死のきわにのぞみながら、なお生くることを夢み、あらゆるわざわいが打ち寄せているさ中にあっても、幸福を夢想し、極度の危険にあっても、まったく安心しきっているということは、最大の悲惨事であり、悲泣に値する極みである。

このゆえに、わたしたちが自己の生きる日を数えるように祈りなさい、とモーセは適切にも教える。それというのも、わたしたちにあらかじめ予定されている死の時を知るためではなく、むしろわたしたちの生が、瞬間ごとに迫り来る死と神の永遠の怒りのゆえに、いかに悲惨にして短命であるかを、わたしたちが熟考するためである。

あなたは、別に祈ることをしないでもこのような感情をもっていて、試練を受けた人びとを、どこかで見かけるかも知れない。しかし大部分の人たちはそのような感情をもたない。なぜなら、ほとんどすべての人びとは、彼らの生の一瞬を全世紀であると考えて生きているから。そのような人たちにとってモーセがここに命じている祈りは必要不可欠である。さて、彼が次に付言しているところに耳を傾けよう。

「かつ知恵の心によってわたしたちは歩む」。

動詞の語法ナービー「わたしたちは歩む」がここに用いられている。それはわたしたちが「行為をとげる、仕事に従事する、あることを司る」ということの代わりに使用される。モーセはあたかも次のように告げているようである。「この人生はじっと立ちどまっていて怠けて暮らすべきものではなく、むしろ歩むべきである。すなわち、家政であれ政治であれ、何かに従事すべきである、という具合になっている」と。そこで彼は言う「神よ、恩恵をわたしたちに授けたまえ。それはわたしたちが賢明にそれを遂行するためです。つまり、わたしたちが罪のゆえにあなたの怒りの下にあることを、これからいつも想起して、謙虚に、かつ、あなたを畏れて歩むためです」と。

わたしたちは、自己の生と死について正しくは何も知らないし気づかいもしないで、名誉と権力を求めてただ私腹を肥やすような、人間のかすに属してはいない。このような人たちは、神の怒りをまったく軽蔑しきって歩んでおり、恩恵と怒りとを気づかうことがなく、したがって考えられないほどの愚かさと怠惰のうちに生きている。

それゆえ、この知恵のうちに、つまりあなたに対する畏怖のうちに、わたしたちを保ちたまえ。実際、「知恵の初め」もしくは最高の知恵は「主を畏れることである」(箴言九・一〇)。すなわち神の怒りを知り、その結果、謙虚に生き、一切のわざに励むことである。こういうふうに聖書は神に対する畏怖を勧める。それはいかなるときにも神の怒りを恐れ、自己が死に値することを自覚するように、人びとが生きるためである。罪のゆえにわたしたちが救いを見いださないということこそ、救いの第一の要素である。[70] また神の怒りを認識して歩むことが最高の知恵である。神の種子は永遠の生命を実らせるがゆえに、あたかもこの種子を受け入れるために鋤によって耕される土地のように、わたしたちもそのように整えられる。

パロとセナケリブおよび他の人びとはこの知恵を欠いているため、自己が滅びるのを理解するまえに亡ぶのである。彼らは自己の権力と能力に頼り、全く盲目になっているから(出エジプト五・二、列王記下一八・三五)。これに反しエルサレムで包囲されたヒゼキアおよび紅海のほとりでのモーセとユダヤの民たちは、確実な輝かしい解放を見いだす。[71]

したがって神の怒りを感じたとしても、それは呪われるべきものではなく、救いの開始であると、わたしたちは確信しなければならない。絶えざる祈りなしには救いの開始は獲得できない。実際、神の怒りをこのように自覚することは、神の特別な賜物であって、理性はこれを捉えないし、理解もしない。もしそうでないなら、モーセはこんなにも大きな努力を傾注してこの知恵が与えられるように切望しないであろう。

第十三節

主よ、帰りたまえ、ああ何時まで。
あなたの僕らをあわれみたまえ。

これはモーセによって確定された祈りの要諦である。彼は神に対する畏怖のうちに生き、おのが日を数え、賢く行動している者が僅かであるのを知り、この少数の人たちのために——彼はこの人たちを神の僕と呼ぶ——神が彼らを慰め励ましたまわんことを祈り求める。彼が以前第七節で全人類を死に引き渡し、死と神の永遠の怒りについて語ったときと同じく、ここでも現世における何らかの肉の慰めではなく、永遠の生命について語る。彼は単にこの永遠の生命を祈り求めているだけではなく、同時に、神の怒りを知り神の審判を感じるという、あの最初の恩恵をもっている者たちに、永遠の生命を約束する。

それゆえ、この祈願はキリストの到来に関する預言を暗黙のうちに含んでいる。なぜなら永遠の救いはただキリストによってのみ与えられえたのであるから。しかし、エピクロス派とかその他の自己満足に陥った罪人たちのゆえに、この救いの神秘はキリストの到来にいたるまで隠されていなければならなかった。キリストにおいて神のあわれみの宝は啓示された（コロサイ一二一・二六）。

この節の意味は容易に知られる。モーセは次のように言う。「あなたはもろもろのわざわいによってわたしたちを圧し潰したもうた。あなたは、わたしたちがあなたの怒りを知るように、この最初の知恵を授けたもうた。わが神よ、もう思いとどまってください。あなたはすでに充分にわたしたちを殺し、抑圧し、辱しめたもうたのですから。ただ帰りたまえ。わたしたちにあわれみ深くありたまえ。いかにあなたが恵み深くあわれみに富みたもうかをわたしたちに示したまえ。こうして、わたしたちがこのような恐怖に脅えているとき、心が慰められうるようにしてください」と。

彼はここに怒りと死の全体の転換について一時的な転換ではなく、永遠の転換について語る。なぜなら、このような恐怖の場において他の何を彼が願い求めるのであろうか。わたしたちが一日か二日愉快な日を過ごしたからといって、どのような慰安があろうか。したがって彼は終りのない永遠の生命と救いについて語る。

「たとえ他の人たちがおのが日を数えることを欲しなくとも、あなたの僕たちにあわれみ深くありたまえ。あなたの僕たちは、おのが日を絶えず数え、あなたを怖れ、知恵の心によって歩み、あなたの怒りを熟考しています。実際、あなたは死せる者らをふたたび生命へと呼び戻すことを欲したもう神でありたもう」と彼は祈る。

これがモーセの祈願の意味であることについて前にわたしは注意を促しておいた。なぜなら彼は、わたしたちのこの身体的な生を超越した王でありたもう神に向かって祈っているから。それゆえ、彼は永遠の生命をえるために、ためらうことなく祈る。もし身体的な現世のほかに他なる生命がないならば、何のために神がわたしたちに必要なのか。わたしたちは他の被造物、たとえば魚、鳥、野の獣に対する「支配」をもっている（創世記一・二八）。この支配は、現世の身体的な生活のためには、国家と経済が秩序立てられていれば充分であろう。しかしモーセはその苦境にあって、世界を超越しかつ見えない神に向かって祈るがゆえに、現世の後に他なる生命があることを示している。したがって、わたしたちが神から求める神の恩恵と生命とは、見るべからざるものであり、他なる生命に属しているということが帰結する。しかし、この生命はわたしたちにかかわっていて、牛にかかかわっていない。パウロがいうように「牛の世話は彼にかかわらない」（Ⅰコリント九・九）からである。[72]

このようにモーセは神によって永遠の救いを待望すべきであると教える。この事実は隠された形で神が受肉すべきことを物語っている。このことをユダヤ人たちがすべて理解しなかったとしても、それがわたしたちにとって何のかかわりがあろうか。今日でもなお、すべての人が必ずしもわたしたちの宗教を知っていないし、注目してもいない。そういうわけで、わたしたちの間でも多くの人たちは、この詩編を口ずさんでいても、それを理解していない。こうして旧約の律法の下においても、ただ霊的な人びとだけが、この奥義をかすかに示されて予見した。この人たちは、神が、つまり彼らが幕屋で礼拝し、贖罪所の上に宿りたもうと信じた神が、定められた時に受肉し、人びとにこのような救いをもたらし、神の怒りと永遠の死から救いだしたもうことを理解した。しかし他の人びとは、ちょうど豚のように、ただ自己の快楽と世俗的な心配ごとにのみ心を向けている。その有様は今日多くの人たちが、あたかも世俗的なことのために万事があるかのように、福音をも誤用しているのと同じである。

しかし、モーセは他なる生命と他なる国とを待望するようにわたしたちに教える。彼はこの他なる国を永遠の国としてここに予示する。また彼はこの節を書いたとき、わたしたちの救済の神秘を目にしたのであり、永遠の生命を前もっていくらか味わったに違いない。だからこそ彼は、自己の罪により戦慄した者たちがこういう方法で祈り、かつ、救いを希望するように教える。

第十四節

朝にあなたのあわれみをもって飽きたらせ、
この世を終わるまで喜び楽しませてください。

モーセがここにとくに表示しているあわれみは、彼が叙述しようと目論んでいるものに関わっている。つまりある個別的なあわれみではなく、これまで彼が嘆き悲しんできたすべての病にかかわる、実に全人類に及ぶ普遍的なあわれみを考えている。だが以前生じたエジプトへの追放とかバビロン捕囚とかがその例であるような、ある特定の個別的なわざわいや病ではなくて、全人類に及ぶ普遍的なわざわい・罪・神の怒り――全世界はこの怒りの下にとらわれの身となって臥している――が告白され、かつ、いたく嘆かれている。

彼が今あわれみを願い求めているのであるから、確実な結論として帰結していることは、この全人類にあまねくゆきわたり、共通している邪悪に対する薬となるような、あわれみを彼が願い求めているということである。もしそうでないなら、無限のわざわいに対抗して、彼はいったいその他の何を願い求めようとするのか。もしくは何故に二、三年しか続かないような儚く取るに足りないような恵みを願い求めようとするのか。

なるほど聖書はときおり個別的で身体的な恵みについてあわれみという言葉を用いる。しかし、ここではテキスト自体とその文脈とが、もっとも普遍的な意味であわれみを理解するように、つまり罪と死がもたらした全人類に及ぶ普遍的な滅びに対決する、普遍的な救いの意味で理解するように強いる。したがってモーセが語るあわれみの意味は、次のようである。「あふれるほどのあわれみを与えたまえ。王国とか健康とかが保たれるような個別的なあわれみではなくて、充実し横溢せるあなたのあわれみを、わたしたちは願い求めます。なぜなら、全人類を苦しめているこのわざわいにとって、個別的な（わたしに言わせるなら）一雫のようなあわれみだけでは充分ではなく、いわば洪水や海のようなあわれみがわたしたちを飽き足らせるでしょうから」。そのとき、わたしたちは欣喜雀躍し満ち足りるであろう。実際、罪からわたしたちを解放し、確実な永遠の救いについて保証する、あの唯一のあわれみのみが、永続的で真の喜び、感謝、謝恩よりいずる行為を生みだすのである。

第十五節

永く続いた苦しみの後、
わたしたちが不幸に会った年月に比べて、
わたしたちを再び楽しませてください。

これまでに講解された詩編の諸節から、モーセがここでいかなる懲らしめもしくは苦しみについて考えているかが知られる。彼は前に（三節、九節）、「あなたは人間を無へと押し返し、あなたの憤りと怒りのゆえにわたしたちの日は尽きる」と語った。その箇所で彼が述べているもろもろの悪とわざわいとは、わたしたちの人生行路の合間にわたしたちが観察するもの、いやむしろ全人類が、世界の初めから終末にいたるまで、耐えかつ苦しんでいるものである。彼は言う、「今わたしがあなたに祈るのはこのわざわいのためです。あなたは悪とわざわいのゆえに、誕生の瞬間からわたしたちを懲らしめたもうた。また罪のゆえにわたしたちすべてにあまねくゆきわたっている破滅が現実に見える歳月のためにも、わたしはあなたに祈ります」と。それゆえ、わたしたちの誕生とともに苦しめている悪とわざわいおよびその継続に対抗する、すなわち原罪とその罰とに対抗する、永遠の救済手段を彼が願い求めていることを、ここに説明する。彼は言う、「このような邪悪に対しわたしたちは赦しを求めます。そして絶え間なく続く邪悪に対する法律的に制定された赦しではなく、罪に対する永遠の赦しを願い求めます」と。

　罪の赦しの次にわたしたちは罰からの解放を願い求める。それはわたしたちが単に義とされるだけではなく、喜びかつ楽しむようになるためである。またそれは、罪の赦しによって恥辱と罪とが取り去られ、（モーセ自身が言うように）もろもろの邪悪を目にすることが、歓喜と健康の回復によって取り除かれるためである。この健康の回復こそ罰からの解放である。

　それに加えて預言者モーセがこのような総括的な言葉をもってキリストの肉における到来を祈り求めていることは明白である。なぜなら、ここでいう贖罪は、かの祝福された唯一の「末裔（すえ）」（創世記三・一五）によるのでないならば、起こりえなかったから。実際、この神秘が覆いのかかった言葉によってそのように示されなければならなかったのは、後に聖徒となった人たちが、いかなる契約によって自分たちが救われるべきかを理解するためである。さらにテキストの明白な文脈は、罪に敵対して発せられた全人類に及ぶ神の怒りに対する救済手段を求めてモーセが祈っていることを、信じさせる。しかし、このことを洞察するためには、聖霊の光が必要である。この救済手段はただ一人メシヤに属していたのであるから、この祈願の中にはキリストが含まれている。

このことを聖徒たちは聖霊に助けられて理解した。しかし他の粗野で肉欲的な心の群衆はこれを知らなかった。そのわけは、聖書がこれと同じ言葉を使って、身体的で個別的な救助に関して語っているからである。だから文脈に注意しない人たちは、キリストが肉をとって来たりたまい、罪と死から世界を解放したもうように、ここで祈られていることを、決して理解しないであろう。実際、これこそ詩編一三〇編七節で「豊かな贖い」と呼ばれているとおり、かの充実せる豊満なるあわれみなのである。たしかに罪のため償われた贖罪の代価によって広大な世界は贖われることができたのである。

第十六節

あなたのみわざをその僕らに、
あなたの栄光をその子らにあらわしてください。

この節の言葉も以前から始まっているのと同じ祈願に関係している。ポーアルという単語はよく知られていて、一般に「わざ」と訳される。だが、それは「償いのわざ」もしくは「報酬」というように理解すべきである。たとえばイザヤ書には「その報いは神のみ前にある」（四〇・一〇）とあって、そこではポーアルが用いられる。また詩編一〇九編では「これが彼らの報い」（二〇）とあり、同様にヨブ記には「これが悪しき人たちの神から受ける分である」（二〇・二九）とある。つまり、それは彼らの報酬、嗣業、償いの意味である。そういうわけであるから、この節でも「わざ」という語は神の報酬もしくは褒賞として理解すべきである。神はこれを、モーセが前に語った死の恐怖と他のもろもろの危険を、神のあわれみに対する信頼によって耐えた人たちに、与えたもう。

モーセはここで「わたしたちは罪により悩まされ、死によって苦しめられる。わたしたちは悪魔のもっとも醜悪な奴隷であった。それゆえ、サタンのわざに対する償いとして、あなたのみわざをわたしたちに与えたまえ」と言っているように思われる。たしかに「あなたの」という代名詞はキリストとサタンとを対比させる対立的強調法を含んでいる。したがってモーセの語法と意味は、ヨハネの持論「キリストが現われたもうたのは、悪魔のわざを滅ぼすためである」（Ｉヨハネ三・八）と合致する。悪魔のわざはわたしたちを投げ倒し、罪によってわたしたちを生命から死へと転落させた。ヘブル人への手紙はサタンを「死の創始者」（二・一四）と呼ぶ。このサタンのわざに対決してキリストは、そのみわざをたずさえて来たりたまい、死を滅ぼし、生命を照らしだしたもうた。キリストのみわざはまことに神のわざであり、義とし、生かし、救いたもう。

先にモーセの祈りでわたしたちが聞いたように、また聖書がはっきりと神について「神は殺し、かつ生かす」（申命記三二・三九）と語っているように、神は殺すわざをも自己のものとして要求する。だが、イザヤはこの神のわざを分けて、あるものは神のわざではあるが「他なる」わざと言い、外のものは「本来の」わざであると言っている（二八・二一）。

本来のわざは神のあわれみの働きである。なぜなら、ここで神は罪を赦し、罪人を義人として宣言し、キリストを信じる者たちを救いたもうからである。他なるわざとは、神が悔い改めない者たちや不信仰な者たちを審判し、呪い、破滅させる働きである。わたしたちの傲慢のゆえに、神はそのような他なるわざを選ぶように強いられ、それをも自己のわざと言わねばならない。しかし、わたしたちはそれによって謙虚にされ、神を主と認め、神のご意志に服従するようになる。

さらに神が二つのわざをなすように強いられる理由は、前に説明したように、わたしたちがマニ教徒の例にならって複数の神々が存在すると、あるいは一方がもろもろの善の根源であり、他方がもろもろの悪の根源であると、空想しないためである。神は、わたしたちが負うている不幸といえども、神の許しによって加えられることを、わたしたちが確信するように欲する。なぜなら、神の許可なしには、悪魔はヨブをそんなにも痛い目に合わすことは決してできなかったからである。悪しきことがわたしたちに来るのを神が許可するのは、わたしたちが謙虚にされて、神のあわれみに向かって自己を投げかけるためである。

こうして、ポーアルという語は一種の償いを意味する。そのため、この節の文意は次のようである。「あなたのみわざが明らかになりますように。すなわち死によって懲らしめられたわたしたちを再び生かし、罪によって悩まされた者たちを義とし、こうして生命と義というあなたの本来のわざをわたしたちに明らかに示したまえ」と。

しかし、あなたは言うかも知れない。「モーセが（あわれみに飽き足れるように）と求めたとき、彼が以前祈ったのと同じ内容がここでも言われている」と。確かにそうである。だが、ここで祈りがめざしているのは、かのあわれみのわざを、わたしたちがそれとして感じとることができるように、示されるのを彼が求めているということである。というのは、もし賜物をわたしたちが見うるように、わたしたちの目も開かれていないならば、単に賜物を所持しているだけでは不充分であるから。同様のことをパウロはコリント人への手紙で言う、「神から賜わった恵みを悟るために、聖霊がそれをわたしたちに啓示したもうた」（Iコリント二・一〇、一二）と。人たる者はすべて生命を所持している。しかし、その生命が神の賜物であると感じている、またその賜物ゆえに神に感謝し、それが保たれるように神に願い求めている人はいかに少ないことか。

したがって、ここでこの詩編がめざしていることは、この神の恵みを人びとが感じとり、そのような自覚が心を貫いて、彼らが罪の赦しについて疑うことがないように、また神のみわざやあわれみがはっきりと示されるように、さらに心が神の贖いについて確信し、生命・救い・自己の義を見るようになることである。同様にダビデも詩編五一編で自分が「確かな霊によって強められるように」(一二節)と願い求めている。

だが、「あなたの栄光をその子らに」とモーセが付け加えたさい、彼が神のこのみわざを神の栄光と呼んでいるのは、とてもすばらしい展開である。詩編一九編も、ほとんど同様に神のわざと栄光とを結びつける。そこには「もろもろの天は神の栄光をあらわし、大空はみ手のわざを告げる」(一節)とある。しかし、現在講解中のこの節にあるハーダールという語は、光輝ある秀麗なる衣装、あるいは輝かしい衣服を意味する。詩編一〇四編にあるように「あなたは誉れと威厳とを身にまとわれた」(一節)とあるとおりである。それゆえ、聖書がこの言い回しを使用して、神がすばらしい衣装を身に着け飾っていると述べているのは、神がその栄光ある荘大なみわざをとおして人間の心に現われ、かつ、明らかになることを示す。このみわざのうちに神はあたかも素敵な衣服をまとって現われているとおりである。

このような神のみわざは次のごとくである。すなわち、「キリストが神によりわたしたちのためにわたしたちの義・知恵・聖・贖い」（Ⅰコリント一・三〇）・光・歓喜・すべて良きものとなられたこと、およびキリストがわたしたちの「道・真理・生命」（ヨハネ一四・六）であるということである。この生命・救い・義のみわざのうちに神がわたしたちに現われたもうとき、神はまことにその栄光のみ姿において現われている。しかし、神がこのように現われる前は、モーセが述べているように、「暗い水の下に」（詩編七七・一九）まことにいましたもう。

それゆえ、不安に脅える良心は、神の栄光あるみわざを見ることなく、神を恐れており、神が悪魔であると想像する。そのような良心は神を愛すべき形や装いをもつものとして描くことができない。良心は神を剣と稲妻とで武装させているが、その様は怒りたもう神よりも残酷で嫌悪すべきものは天にも地にも実際に存在しないかのようである。シナイ山においておいて神はこのような姿で現われたもうた（出エジプト一九・一八）。このような神をモーセも先に描いたのであった。

しかし今や彼はこの節で、喜びいさんでわたしたちが見ることができ、かつ楽しむことができる神の他なる形が示されるように願い求める。わたしたちがキリストのペルソナ〔位格〕のうちに神を見るとき、実に神はこのような形においてありたもう。キリストには最高のあわれみ・生命・救い・解放がある。キリストのうちに栄光の神が、すなわち輝かしく歓ばしいみわざを身にまとった神が見られる。こうしてモーセは言う、「憐れな呪われるべき罪人であるわたしたちに、あなたをこういう仕方で示したまえ」と。

これが彼の祈願の主要な部分である。彼は罪の赦し・義・永遠の生命を祈り求める。このように彼が願い求めるのは、わたしたちが確信をもち、わたしたちの心が少しもこれらの事がらに疑いを懐かないためである。しかし、そのような祈願はキリストによる以外には実現できないから、この祈願は当然キリストの肉への到来を含んでいる。

さて次に続く、またそれをもって祈りが終わる最終節は、とくにわたしたちの行為にかかわっている。

第十七節

わたしたちの神、主の恵みをわたしたちの上にあらせ、
わたしたちの手のわざをわたしたちの上に確立し、
わたしたちの手のわざそのものを確立したまえ。

ノーアムという語にはいわば恩恵の洪水のようなものが含意されている。そこでモーセは言う、「主よ、わたしたちはこれまであなたのみわざを願い求めて来ました。あなたがみわざをなしたもう間は、わたしたちは何もなすことなく、単なる見物人であって、あなたの賜物の受領者、まったく受動的な者であります。(73) というわけは、あなたが、そのみわざのうちに、あなた自身を示したもうのですから。またサタンがアダムをとおし全人類に加えた病から、つまり罪と永遠の死から、あなたがわたしたちを解放したもうことにより、あなたがなしたもうたみわざによってのみ、わたしたちは救われますから。このようにわたしたちが義とされ、あなたのみ言葉にしたがって聖く生き、あなたがわたしたちのわざ

を喜びお気に召すとき、あなたのみわざに続いてわたしたちもまた、自己のわざをたずさえて立ち上がります。とはいえ、このわざはあなたの恩恵に由来し、あなたの最初のわざから続いて生じます。それゆえ、わたしたちの神、主の恵みがわたしたちの上にのぞみ、わたしたちが神に気に入られるようにしてください。なぜなら、わたしたちは御子の死によって主と和解しているのですから」と。実際、モーセは、主がそのみわざを啓示したもうた人たちの上に、喜びと恵みをもって臨みたもうようにと祈る。また、わたしたちが神の顔を怖れて怯えず、わたしたちの存在と所有を神が嘉したもうことを、確信できるようにと祈る。

だが、このモーセの祈願がなされている理由は、たとえわたしたちが死から解放されるとしても、なお聖徒らに罪の残滓がとどまっており、他のさまざまな不品行と同様に、わたしたちの内にも外にも、種々なる苦難と試練とが伴われるからである。それゆえ、もし神がすべてを厳格に観察しようとされるなら、あらゆる瞬間に彼は立腹したもうであろう。

したがって本節が言わんとすることは、肉のゆえにわたしたちのうちに罪の残滓が見られることを、神が憤りたまわず、またこのことのゆえに生命と罪の赦しをわたしたちから取り去りたまわず、むしろ神ご自身がわたしたちの上に喜ばしくかつ優しくのぞみたまい、今度は、わたしたちが代わって神に対し喜ばしくかつ優しくとどまるようにしてくださいということである。なぜなら、栄光に輝く神を示すとは、神ご自身が栄光をもちたもうということではなく、神がわたしたちに対し喜ばしく、栄光に輝き、歓喜をもって臨みたもうことを、示すという意味であるから。また神がわたしたちを怒りたまわず、親切で喜ばしく現われると確信するとき、神はわたしたちを喜びたもうと言われる。

だが、この祈りは必要不可欠である。「わたしたちの肉体は弱く」（マタイ二六・四一）、心は震えおののいており、良心はきわめて繊細であって、そのため僅かの誘因によっても驚愕させられるから。さらに、罪と罪の罰とは日ごとに経験され、憂愁と信仰の弱さの機会は絶えず満ちているからである。それゆえ、わたしたちの心が悲しみに圧倒されるとき、神ご自身も悲しみたまい、わたしたちが義とされ、聖化され、喜びに満たされるために、神は死にたもうたと語られる。

したがって、この祈りがこの箇所におかれているのは、わたしたちが次のように言うためである。「主よ、あなたは御子をわたしたちに与えたまいました。この賜物がわたししたちのうちに保たれますように。わたしたちはしばしば言葉によっても行為によっても誤り、心の内なる想念においてはいっそう多く誤りに陥ります。これがわたしたちの喜びを乱すのです。そこでわたしたちが罪を犯すにせよ、怠慢で忘恩的であっても、それでもなおあなたは、わたしたちの神としてとどまってください。あなたはノーアム、すなわち親切で優しい神でありますように。したがって聖霊の歓喜と平和のうちに、わたしたちが保たれ守られるようにしてください」と。モーセは本節の第二の部分を二度くり返して、わたしたちの手のわざが確立されなければならないと語る。このくり返しはたぶん霊的王国と身体的王国との差異を説明するためである。なぜなら、この差異にもとづいてわたしたちのわざも区別されるからである。わたしたちが教会において行なうものと、家庭・経済・政治において行なうものとは別である。教会においてわたしたちは魂と霊的生命にかかわる事がらをなし、家・経済・政治においては身体的生命にかかわる事がらをなす。したがってこの節の初めの部分は次のように言っているように思われる。「わたしたちの手のわざを〈わたしたちの上に〉(アーレーヌー)導きたまえ」と。この手のわざは、神によってわたしたちが治められるわざ、だがわたしたちも教え、慰め、論じ、判断し、洗礼を施し、聖餐にあずかること等々によって積極的に参加するわざを意味する。これらのわざは教会を司り、霊的なものにおいて人びとを指導するためのものである。

分派が教会のなかに侵入してきて、サクラメントとその使用を誤らせ、み言葉を悪化させるなどのことがないためにも、このわざがどんなに重要なものであるかを、わたしたちは知っている。それゆえ、神が「わたしたちの上に」このわざを司り、かつ、指導したもうことが、確かに必要である。このわざにわたしたちもまた積極的に参加すべきであって、神の最初のみわざにおけるように、単に受動的であるのではない。

このような意味でモーセが「わたしたちの手のわざをわたしたちの上に確立してください」と言っているとわたしは理解する。つまり彼は次のように語っているようである。「わたしたちが義とされた後でも、教義が純粋にとどまるように導きたまえ。それは法律を制定するとき、モーセの律法が偽善者たちによって取り消されたりしないため、またそのため今日福音が壊敗されたりしないためであり、こうして神およびわたしたちに内住したもう聖霊を、悲しませないためである」と。

動詞コーネーンは「強固にする」という意味である。ペトロがペトロの第一の手紙五章一〇節で「神はわたしたちを完成させ、不動のものとしてくださるであろう」と述べているとおりである。同様にダビデも、何ら疑いをいだくことなく、全身全霊をあげてみ言葉を抱擁する霊を、「確実な」「強固な」ものと呼ぶ（詩編五一・一二）。またペトロが「語る者は、神のみ言葉を語るように語り、奉仕する者は……」（Ⅰペトロ四・一一）等々と述べているように、教義に疑念をはさんではいけないし、自己に対する神の意志について心は、逡巡してはならない。ある人が罪の赦しを願い求め、キリストの約束を聞くとき、み言葉が宣言するように彼の罪が赦されていることを真に疑ってはならないし、またこれが単に人間のわざにすぎないものではなくて、神のわざであると確信すべきである。このように教会でなされることは、すべて確実であらねばならず、「空を打つようなもの」（Ⅰコリント九・二六）であってはならない。これこそモーセがこの節で用いている言葉が本来言おうとすることである。わたしたちはこの言葉を普通「確立する」と訳す。

それでもなお、この祈願は確かに必要である。というのは、この神のみわざは、わたしたちの奉仕をとおして営まれているが、外には悪魔によって、内にはわたしたちの心によって攻撃されているからである。したがって、神がわたしたちに恵み深いという信仰を保ち、神のみわざについて何ら疑いをいだかないことは、困難である。しかし疑いをいだくものは、教えることにも学ぶことにも適していない。そのような人は「そのすべての歩みに安定がない」（ヤコブ一・八）。またあちらこちらにいつも駆られている。だからモーセがわたしたちの手のわざが確立され強固になることを祈っているのは、理由がないのではない。彼はみ言葉を教える者たちが、それを受ける者と同じく、確固不動であるように祈り、教会のなかに「地獄の門」（マタイ一六・一八）も勝つことができない強固な支柱が存続するように祈る。さらにすべての者がみ言葉と神のみわざについて確信をもつように祈る。

「わたしたちの手のわざを確立したまえ」と、モーセがくり返し願っていることは、政治と家政のわざについて述べたものであるとわたしは理解する。彼は神が国家の平和を与えたまい、世の中に混乱が生じないように願う。同様にパウロも、わたしたちが静かに生活するため王たちのために祈るべきであると勧める（Iテモテ二・二）。しかし、身体を適切に配慮するためばかりでなく、若い人たちを教育し、教会を教導するためにも、平和は必要である。行政上の官職が立てられるのは、主としてこのような事がらのためであり、この官職の実行、働き、援助によって平和が保たれる。官紀が弛むといかなる教育も成り立ちえないし、暴動とか戦争によって教会は、正しく神の言葉を教えることができなくなる。それが生じているのを戦争において経験するとおりである。戦闘に従事している兵士たちには、信仰も敬虔もありえないのだから。[74] 武器の打ち合いのただ中では、もろもろの法は沈黙する。[75] 要するに、政治の全秩序は戦争によって倒壊される。

それゆえ、わたしたちの上にあるのではなく、わたしたちの手中にある、わたしたちの手のわざを神が導きたもうようにと、平和のためにモーセとともに祈らなければならない。実際、政治と経済にかかわる事がらは、「あなたがたは海の魚等々を治めなさい」(創世記一・二八) という言葉にしたがえば、理性に属している。

このようにしてモーセは現世において必要な諸般の事がらを祈り求める。まず第一に、罪の赦しと永遠の生命を祈り求める。次に、現世にあってわたしたちは怠慢でなく、神の言葉によって死にいたるまで魂が強固にされ、身体は平和のうちに適切に配慮されなければならないがゆえに、敬虔が正しく教えられるように、かつ平和が保たれうるようにと祈る。これらをわたしたちが手に入れるとき、永遠の生命に対する確かな希望のうちに生きる。さらに教会におけるみ言葉への純粋な奉仕と静かな生活と平和を所有する。そのときわたしたちは一切を所有し、身体と魂との平和のうちに生きて、天に飛翔するまで日々信仰によって成長する。

これは単なる祈願ではなくて、また約束でもある。それは、わたしたちが他のところで、聖霊により聖書の中に命じられている祈りについて論じたとおりである。

今、あなたがたは、主がわたしに与えたもうた力のかぎり講解した詩編を手にしている。もし主がわたしの命を永らえさせたもうならば、このあとでわたしたちは創世記を講解するであろう。このようにして神のみ言葉とみわざに励み、ついにわたしたちは仕合せに死ぬことができるであろう。願わくは神とわたしたちの救い主イエス・キリストがこれを許したまわんことを、アーメン。(76)

（1） ルターはこの講解を詩編九〇篇の表題にある「モーセの祈り」に従って『創世記講義』を開始するに当たり、その序説の意味で試みている。この詩編講義が行なわれてから三日目の一五三五年六月三日に創世記の講義に彼は着手している。

（2） Valerius Martialis, Epigrammata X, 47, 13. ワイマール版の注には同書の章節が II, 47, 13とあるが英訳者プレッチャーの指摘によって変更する。

（3） サルダナパルスはアッシリア王アッシュールバニパルのことをいう。

（4）「フランスの性病」というのは pustula galica の訳で、直訳すると「フランスの吹出物もしくは水泡」である。しかし、これは恐ろしい感染力をもつ性病のことを指し、ヨーロッパでは他国の侵入によって広まったので、他国の名前をつけて呼ぶ場合が多い。なお筆記の部分の脚注には Morbus Gallicus「フランス病」となっている。

（5） ここには「弁証論」（dialectica）という言葉が用いられているが、それは十六世紀において「論理学」に代わる語であり、「論証」や「推論」の意味をもっている。たとえばメランヒトンの三冊の論理学書の題名を見れば明瞭である。『弁証法の要約的理論』（一五二〇年）『弁証法四巻』（一五二八年）『弁証法の諸問題』（一五四七年）。なお、ルターがここに述べている論理学の内容はアリストテレスの四原因説であって、形相因と質料因にふれず、生成因と目的因があげられているのは、死を異教徒の哲学者がするように外的に見える原因から、したがって身体的形相や質料から見るのではなく、霊的にして内的な本質をとらえようとしているからである。

（6） Hieronymus, Contra Rufinum I, 13, Migne, Series Latina, 23, 426. ヒエロニムスはこの詩編と続く十一の詩編をモーセに帰している。

（7）「無駄話をする人びと」（Mathaeologi）というのは筆記では Cinglius ツウィングリとなっており、印刷ではツウィングリを考慮して入れ替えられたといえよう。

（8）「火口」（fomes）は堕罪後にも人間のうちに残存している人間の自然本性であり、灰の中にあって再び燃え立つものと考えられたスコラ神学の概念である。ルターはこの考え方をはじめ受け入れていた（WA. I, 32, 1; 32, 9ff.）。しかし、ここで用いられているように火口は原罪の結果生じた傾向性であって、それは洗礼によっても取り除かれないと見るスコラ神学の説としても説いている（本書九一頁参照）。

（9）アリストテレスの説は Cicero, Tusculanae Disputationes I, 4ff. のなかに類似の議論が見られる。なお meditatio mortis はプラトンの『パイドン』における「哲学とは死の学習である」という説に由来する。したがって「死の冥想」と訳すよりも「死を想う修練」と訳すべきであろう。

（10）Cato, Disticha I, 22, cf. WA 36, 589, 30.

（11）Cicero, Tusculanae Disputationes I, 4.

（12）これは中世の有名なザンクト・ガレンの讃美歌の一節である。ルターはこの詩を次に転倒させて彼の思想の核心を提示している。ルターはザンクト・ガレンの詩をドイツ語に翻訳して出版している（WA 35, 126-132, 453, 454参照）。

（13）ヘブル語の Maon はルター訳のドイツ語聖書では普通 Zuflucht「逃れ場」と訳されている。一五二四年、一五三一年、一五四五年の訳を見ても同様である。この講解ではウルガタの refigium に彼は依っている。ヘブル語では Bleibe「住処」を意味することを彼は知っていたのに、ドイツ語訳聖書で Zuflucht が選ばれたのは、この訳語の方が試練の状況に一層役立つものと考えたからであろう。しかし、この講解の筆記で「主はマーオーンである、すなわち（逃れ場）よりも（住処）を意味するが、それは最高の慰めである」と語って、「住処」の方が用いられているのは、試練に際して逃れの場所を語るだけではなく、もろもろの試練に先立って、すでに神のうちに変わらない確実な庇護を得ていることを語ろうとするためであったといえよう。つまり

「住処」には同時に「逃れ場」の意味がふくまれているからである。ルターが続く叙述で「家」（住家）を「保護」を意味するものと述べていることからもこのことは知られる。

（14）ローマ四・一五とヤコブ一・一五の二つのテキストの結合として考えられる。

（15）ルターの若き修道士時代の体験を示す注目すべき自己証言であって、筆記の部分およびその脚注にも明らかにしるされている。

（16）「神を所有すること」に関して『大教理問答書』には次のように述べられている。「ひとりの神を〈所有する〉とはどういうことか、また〈神〉とは何か。答、ひとりの〈神〉とは人間がすべての善を期待すべき、あらゆる困窮のなかにあって逃れ場として受けとるべき方である。したがって、ひとりの神を〈所有する〉とは心から神を信頼し信仰することにほかならない」（WA 30, I, 125）と。ルターの信仰は神に対する心の信頼を意味している。この心の信仰を神秘主義的な「神の所有」の表現としてルターは好んで用いている。

（17）ドナティスト派は、キリスト教会に属する者は聖なる人びとであるのだから、ローマ皇帝の迫害に屈し背教した司祭の執行するサクラメントが無効であると主張して、カトリック教会から分離した。アウグスティヌスはこれに対抗して教会のサクラメントの客観的妥当性を説いた。ルターがドナティスト派に関して語る場合には、宗教改革の左翼であるラディカリストを攻撃の目標にすえている。

（18）マニ教徒については注の（25）を参照。

（19）Anselmus, Cur Deus homo, II, c. 16 Migne, Series Latina, 158, 418.

（20）Horatius, Calmina III, 3, 7.

（21）アリストテレスの四原因説の中の生成因 causa efficiens の概念が用いられている。

（22）「砕いて痛悔へ」（ad contritionem）と訳した言葉は中世カトリック教会の「悔い改め」の体系の中におかれている重要な意義をもっている。そこには三つの概念によって組織された制度が立てられていて、「痛悔」

(contritio) はその第一歩の段階であり、自己の犯した罪に対する心からの悔悟、改悛として罪人に要求された。それに続くのが「告解」(confessio) という罪を衆人の前に告白することが求められ、この告白に対し司祭が赦罪を宣言するが、第三には、犯した罪に対して具体的に賠償をすべく善いわざがもとめられ、それが充分なる賠償をしなければならないことから「償罪」(satisfactio) と呼ばれた。このような教会が制定した罰を教会がキリストと諸聖人によって蓄積された徳の宝によって赦免する証明書が「免罪証書」(贖宥状) であった。

(23) 「教父たち」とあるのは筆記のテキストによると「アウグスティヌスやヒエロニムスのような善い人びと」とあって、ワイマル版の注によるとアウグスティヌスの『詩編講解』とヒエロニムスの『エゼキエル書講解』が出典としてあげられる。これは罪を情欲とくに性欲にみる教父の考え方に対するルターの批判なのである。これについて金子晴勇「試煉を受けた良心の神学」(『ルターの人間学』所収) とくに第二節「アウグスティヌスにおける試煉の意義、およびルターとの相違点」(前掲書二八四頁以下) を参照されたい。

(24) ルターの『詩編五一編講解』では原罪を肉の情欲とみなす教父の解釈にしたがう人たちの見解が具体的に批判されている。WA 40, II, 358, 28-364, 28を参照。

(25) マニは二一六年バビロニアで生まれた。若い頃にグノーシス主義の思想にふれ、長じて身体を嫌悪する病的な禁欲思想を説いた。その思想はペルシアのゾロアスター教の二元論とキリスト教の混合であり、人間の魂は光の国に由来するものであり、身体という闇の国から逃れることを願っており、救い主によって与えられる知恵によって救われ、あらゆる物質的感覚的なものを否定する禁欲に従うことが説かれた。世界を善原理と悪原理の闘争場とみなし、人間も魂と身体との二元的対立状態にあるものと主張した。ルターが『奴隷意志論』で人間の自由意志を否定したことはマニ教的決定論の異端ではないかと論敵によって非難された。ルターはこの非難が当たらないことをここに弁明しているといえよう。

(26) アウグスティヌス『告白』第四巻第一章一節。

(27) この一文はルターのラテン文の直訳では「死は単にむさぼりの原因であるのみならず、あらゆる罪の原因である」になっているがルターの思想の分脈から訳文のようにした方がいっそう適切であろう。なお「筆記」の当該箇所にはこの文章に該当するものはない。したがって編集者の付加と考えられる。

(28) 第九節の講解、本書一〇二頁を参照。

(29) 創世記五章二五―二七節。メトセラは九六九歳まで生きたとしるされている。ワイマル版の注によるとこの詩編へのメトセラの適用はヒエロニムスの『詩編略解』にはじまる。

(30) キケロの De senectute, 19 における主張を指すと思われる。

(31) アウグスティヌス『告白』第一一巻における有名な時間論からの引用であるが、言葉どおりの引用ではない。第一一巻二〇章二六節にほぼ同様の内容が述べられている。

(32) 内包と外延は概念についての論理学的用語である。内包とは概念に含まれている意味内容であり、外延とは概念の妥当する範囲を表わす。内包が高まってゆくと外延は狭くなり、外延が広がると内包は減少する。つまり両者は反比例の関係にある。

(33) 古代のヘブライ人たちは夜警を三期に分け、古代のギリシア人は四期あるいは五期に分け、ローマ人は四期に分けていた。

(34) この解釈はルターのものではなく、編者のディートリッヒの挿入である。

(35) **Vergilius, Georg. 3, 66ff.**

(36) この比喩は、この世界が英知的なイデア界を写したものであるという、プラトン主義的な観念から形成された見方であると思われる。印章と蠟の比喩はアウグスティヌスの『三位一体論』第一四巻一五章二一節に展開している。アウグスティヌスは言う「だから、真理と言われるかの光の書においてでないなら、どこにこの規範は記されていようか。そこから、すべての正しい法が書き写され、義を行なう人の心の中へ、移住によってでなく、いわば刻印によって運ばれるのである。それはちょうど指輪の印章が蠟に移り、しかも指輪が残っていないようなものである」。

(37) Erasmus, Colloquia familiaria の中にある。対話 Epicureus「エピクロス派」は一五三三年に彼の『対話集』に加えられたもので、この著作の最後を飾る作品である。ルターが引用している説はこの作品の終りのところに述べられている。

(38) タンタロスはギリシア神話にでてくる永遠の飢餓と渇きによってゼウスに呪われ責められた人物であり、加えて巨大な岩が頭上に吊るされて、落下する脅威の下に立っていると物語られている。

(39) Cicero, De natura deorum I, 43.

(40) Cicero, ibid., I, 16.

(41) Hieronymus, Epistola LX に似た表現がある。

(42) Augustinus, De libero arbitrio III, c. 7. このワイマル版の注記は正確でなく、内容的に類似の表現が見られるにすぎない。正当にも筆記の注にはこのテキストの前半が引用されている。

(43) 筆記には「わたしはしばしば経験し、罪のない子供や修道士たちを観察した」とあるように、ルターの修道院時代の経験がここに語られていると考えることができる。

(44) ルターは humilitas と humiliatio を区別し、前者が中世カトリシズム的敬虔の色彩が濃いとして、これを否定する場合もある。「そしてフミリタスは本来的意味でフミリアティオである」(WA 4, 130, 5) また「フミリタスではなく、むしろフミリアティオである」(WA 4, 130, 5) と語っている。したがってフミリタスが人間の手によって人為的に形成される場合をルターは否認し、神によって導かれる謙虚をフミリアティオと言っている。それゆえ、フミリアティオをここでは「謙虚にされた自己卑下」と訳出しておいた。

(45) ルターは『卓上語録』の中でディオニシウス・アレオパギタの否定神学について述べている。「プラトンが〈すべては非存在であり、すべては存在である〉と言うとき、彼が無意味なことを語っているのと同じく、ディオニシウスの神秘神学も、「〈感覚と意味を忘れ、存在を越えて非存在へ向かって超越しなさい〉という結論を導きだしている」(WA TR I, 302)。ルターは「否定神学」を存在論的思弁に関係させるのではなく、彼の「十字架の神学」によって捉え、ここに「聖なる十字架と試練」として定義し、試練の呻きのなかに見るべからざる神が共演して現臨することを説いている。

(46) Ⅰテサロニケ三・六、七、Ⅱコリント七・六、フィリピ二・二五、使徒言行録二八・一五。

(47) 『卓上語録』にはもっと詳しい叙述がある(WA TR 5, 339)。

(48) この物語は『教父たちの生涯』の中にある。Migne, Series Latina 73, 940を参照。

(49) Ovidius, Fasti 6, 771. cf. WA TR 3, 626, 11.

(50) ルターがここで何を考えているかは明瞭ではない。全人生の速い逃走について族長が述べたことはなく、ただヤコブがラケルを愛するがゆえに、七年の歳月が数日のように思われたと述べられているにすぎない(創世記二九・二〇)。

(51) 詩歌の一節の朗読と人生との関連はアウグスティヌスが時間論の叙述において行なったものである。『告白』第一一巻第二八章三八節を参照。また言葉や音声の消え易い性格が神の言葉の媒体として神に選ばれていることをルターは注目している。本書五八頁参照。

(52) Ovidius, Metamorphoses IV, 756.

(53) Homeros, Ilias I, 201. ワイマル版の注によると、これは編集者ディートリッヒの挿入である。

(54) Horatius, Epistolae I, 18, 71.

(55) 「それ自身において」はルターの訳にはなく、ウルガタにあるもので、これがここに用いられている。

(56) 数学的点と物理的点についての区別をルターは好んで用いる。数学的点とは絶対に確実な理念的対象性をいい、物理的点とは蓋然的で相対的なものである。たとえば黒板にチョークで描かれた「点」は物理的点であり、この点によって思考された「理念としての点」は数学的点である。ルターは『ガラテヤ書講解』（一五三一年）でこの区別を教義と生活との関係に応用して説明している。「教義は数学的点のごときものであり、分割不可能である。すなわち除去したり、付加したりできない。これに反し、生活は物理的点のようなものであって、絶えず可分的で、何かを譲ることが可能である」（WA 40, II, 46, 25ff.）。ルターは数学的点という言葉で、教義が分割不可能にして神に属する絶対性を表現しようとした。

（57）ルターがここに述べていることは当時の人びとの老年の意識を反映している。たとえば五十歳代の半ばにあったエラスムスが自分を老人といっているし、画家デューラーの次の有名な言葉もそれを示している。「おお、ロッテルダムのエラスムスよ、……なるほどあなたはもう年寄りではあるが、わたしはあなた自身の口から聞いた、あなたがまだ仕事のできる年を二年は認めると……」。当時の年齢に関する統計で残っているのはイギリス人の天文学者ハーレイの一五八四年以降のブレスラウにおける記録である。子供の死亡率が高かったため三三・五歳が当時子供に期待された寿命であった。統計としては不正確であるが、ルターが平均寿命を四十歳か五十歳においていることと矛盾していない。

（58）人間の生活と寿命に対する天体の影響は、ルターの時代には古代の文献の復興とともに起こっていた。ルターは自然科学的研究をここに否定しているのではなく、神学者としては日常生活の経験に立つことで充分であると説いている。

（59）Cicero, De senectute は別名「大カトー」（Cato maior）とも言われる作品である。

（60）Cicero, De senectute 14. このソポクレスの言葉は Platon, Politeia I, 3 からの正確な引用である。

（61）Terentius, Phormio IV, 1, 9. これはヒエロニムスの『詩編略解』（Migne, Series Latina 26, 1160）にも引用されている。

(62)「不死性」(immortalitas) は編集者の挿入であり、筆記の方は脚注として「永遠性」(aetenitas) を記録している。
(63) このドイツ語による一文はワイマル版の注によると、別個の物語に由来する付加である。
(64) 人間に関する哲学的定義「理性的動物」に対するルターの批判は決してこれを拒否しているのでなく、神学的見地からすると人間の現実に対して不十分なものであるというにある。これについて『人間についての討論』(一五三六) が彼の思想の全体をよく要約して述べている。
(65) 筆記の方の注にはドイツ語の諺 hart wider hart「ひどいことにはひどいことをもって報いる」が記されている。
(66)「憐れみ深い審判者」という考え方はルターの最初の著作『第一回詩編講義』における神観として重要な思想であり、神の義を受動的なものとなす根拠となっている。
(67) 旧約聖書の中に永遠の生命と復活の証言が稀であるというスコラ学者の見解に対する批判は『創世記講義』においても続けられているが、ルターが根拠としているのはマタイ二二・二九―三二のイエスの言葉である。
(68) 第二節の講解、本書四一頁以下。
(69) 人間の罪の状態を「石」のような言葉で表わすのが適切かどうかについてはルターの死後多くの議論のあったところである。
(70) この一文は編集者ディートリッヒの挿入であって、筆記にはない。罪のゆえに救いを見いださないということを救いの第一要素、または部分と見ることはルターの思想にかならずしも妥当しない。『詩編五一編講解』(一五三八) によると罪の認識は義認への「第二根拠」であり、信仰が「第一根拠」と考えられている (WA 40, II, 360, 13ff.)。

（71）終りの一文はディートリッヒの挿入である。
（72）どのラテン文聖書からの引用か不明であって、邦訳と相違している。
（73）「まったく受動的に」（mere passive）という言葉もルターの死後論争の的になった。『ローマ書講義』においてルターは活動する神に対し人間は「神関係で純粋受動的に」なることを力説した（WA 56, 277, 27）。その際、彼が用いた比喩が問題にされた。つまりルターは同書において「最初の恩恵に対し、栄光に対すると同様に、わたしたちは常に受動的になっている。その様はあたかも女性が懐妊に対するごとくである」（ibid., 379, 1ff.）と語っている。この比喩に示されている女性の姿ははたして自由な愛によって献身した女性の受動性か、それとも売春婦や強姦された女性のそれを言うのかが議論され、トリエントの宗教会議での判決は後者とみて次のように言う、「あたかも生命がないかのように、何事も全くなすことなく、完全に受動的にふるまってい る」と。たしかにルターの用いた比喩は誤解の余地がまったくなかったわけではなかろう。しかし『ローマ書講義』にはもっと適切な説明がある。「恩恵が来たって、たましいがみ霊により浸透されるべきである場合には、たましいは祈るべきでも働くべきでもなく、ただ受容すべきである」（WA 56, 377, 9f.）。したがって「受動的」は神人関係を授受の関係とみるものであって、元来の意味は「受容的」ということである。
（74）Lucanus, Bellum civile X, 407.
（75）Cicero, Pro Milone IV, 11.
（76）なお付記として編集者ディートリッヒの挿入文が原文で三行ほど続いているが意味がないので省略した。

イエス[1]

死への準備についての説教、一五一九年

アウグスティヌス修道会士　マルティヌス・ルター[2]

第一、死はこの世と、それに属するすべての営みから別れることであるがゆえに、人は現世の財を当然あるべきように適宜整理し、あるいはその死後、残された親しい人たちの間で言い争いや不和、その他の間違いが残らないように整える必要がある。そしてこのことは現世からの身体的あるいは外的な別れであり、現世の財から離れて憩うことでありまた告別である。

第二、人はまた霊的にも別れる必要がある。つまり、わたしたちを悩ましたすべての人々を、もっぱら神のゆえに、思いやりを込めて赦さねばならない。また反対に、わたしたちも疑いの余地なく多く悩まし、少なくとも悪い手本を示したり、あるいは少ししか善行をしなかった――わたしたちはそれをキリスト教的な兄弟愛の戒めにしたがって当然なすべきであった――、すべての人々から、もっぱら神のゆえに、赦しを願わなければならない。それはわたしたちの魂が地上で果たすべき面倒をもったままにならないためである。

第三、このように地上のすべての人に暇乞いを告げてからは、ただ神のみに目を向けなければならない。というのは死の道も神へと転向し、わたしたちを神へ導いていくからである。ここに狭い門である命にいたる細い道が始まる。この道を各々は喜び勇んで歩まねばならない。この道はとても狭くはあっても、長くはない（マタイ七・一四）。それは子どもが母の身体の小さな住いから、危険と不安とを懐いて生まれ、この広い天地、つまりこの世へ来る場合とよく似ている。そのように人間もまた死の狭い門を通ってこの世の生活から去るのである。また、今わたしたちが生活を営んでいる天と世界とは、それがどれほど大きく広く思われようとも、来るべき天に比べれば、母の身体が現世の天と比べたときよりも、遥かにすべてが狭く小さいのである。それゆえ、聖徒たちの死は新しい誕生と呼ばれ、彼らの祝祭日はラテン語でナーターレ、つまり彼らの生誕日と名付けられる。[3] しかしながら、死という通路が狭いために、わたしたちは、現世が広く、来世が狭いと考えるようになる。したがってキリストが「女が子を産むとき、不安を感じて苦しむ。しかし、子を産んでしまえば、一人の人間が彼女からこの世に生まれた〔喜びの〕ゆえに、もはやその苦しみをおぼえてはいない」（ヨハネ一六・二一）と言われるように、わたしたちはそれを信じて、子どもの身体的な誕生から学ばなければならない。このようにして、わたしたちも死に際して、不安を大胆に捨て去り、死後になお大きな世界と喜びとがあることを知らなければならない。

第四、この旅に対する支度や準備として第一になすべきことは、偽りのない告白（とくに最も大きな過誤およびその時点で思い出すことができる範囲の過誤に対する告白）をなして、キリストの真実の聖体と終油との聖なるキリスト教的なサクラメントに備え、敬虔な心をもってこれを願い求め、心から信頼してそれを拝領することである[4]。しかし、それがかなわないときでも、これを願い求めることでもって慰めとなすべきであって、死についてあまりにも怖がってはならない。キリストは言う、「信じる者には何でもできる」（マルコ九・二三）と。サクラメントも、わたしたちが後にみるように、信仰に仕え、信仰を引き起こすしるしにほかならず、信仰がなければ何ら役立たないから。

第五、人は絶えず真剣にまた熱心に、次のことに配慮すべきである。すなわち聖なるサクラメントを大いに尊重し、敬い、すすんで喜びをもってこれに信頼し、罪・死・地獄と比べてサクラメントがはるかに強力であることをわきまえ、罪よりもサクラメントとその効力とを問題にすべきである。しかし、どのようにサクラメントを正しく敬ったらよいのか、またその効力とは何であるか、ということを知らねばならない。それを正しく敬うとは、サクラメントが意味すること、神がその中で語り約束したもうすべてが真実であり、それがわが身に実現するのを信じて、神の母マリアとともに、断固たる信仰をもって、「お言葉どおり、この身に成りますように」(ルカ一・三八)と言い切ることである。なぜなら、神がここで司祭をとおしてそのように語り、示していたもうからには、それが本当であるかと疑うことに優って神の言葉とわざとに対する大きな侮辱はありえないし、また、それが真実であると信じ、すすんでそれに信頼することに優る大きな崇敬もありえないからである。

第六、サクラメントの効力を認識するためには、サクラメントがそれと戦い、〔戦うために〕わたしたちにサクラメントが授けられている、〔当の敵である〕無効にする力をあらかじめ知らなければならない。この無効にする力は三つある。第一は死の恐るべき姿であり、第二は罪の戦慄すべき多様な姿であり、第三は地獄と永遠の呪いの耐え難く避けえない姿である。さて、この三つの姿のいずれも追加物と結びついて大きくなり強くなる。――死は、気が弱く無能な性質の人間が、その姿をあまりに深く心に刻みつけ、あまりに凝視すると、増大していって戦慄すべきものとなる。それに続けて悪魔が今やけしかけて、人間が死の残忍な身振りや姿を心深く考察するように導くと、人は悲しみ、弱腰になり、臆病になる。つまり悪魔は人がかつて見たり聞いたり読んだりした、凄惨な死や突然死また変死のすべてを人の前に突きつけ、そのうえ神の怒りをそれに巻き付け、神が以前どのようにあちこちで罪人に付きまとって死滅させたかを思い起こさせ、弱い本性を死の恐怖と生きることへの執着や心配に駆り立てることになる。こうして人はそのような想念でもってあまりにも抑圧されると、神を忘れ、死を避けかつ憎み、ついには神に不従順であることが分かり、不従順にとどまってしまう。なぜなら死はあまりにも深く考察され、注視され、認識されるに応じて、死ぬことがますます重々しく危険になってくるから。人は生きている間に死の想念に対処し、死がいまだ遠くにあり、さし迫って来ないうちに、これをわたしたちの前に出頭させるべきである。死に望んで死そのものが目前に迫っていてあまりにも強力に感じられるときには、それは危険であって、役立たない。そのとき人は、後に述べるように、死の像をたたき出し、それを見ようとしてはいけない。このように死はわたしたちの本性の内気のゆえに、また死が時宜をえないであまりにも凝視されたり考えられたりする場合に、その力と強さとを発揮する。

第七、また罪をあまりに注視しすぎたり、あまりに深く考え込んだりすることによっても、それは増加し大きくなる。それに加勢するのがわたしたちの良心の弱さであって、良心は神の前で恥じ、身の毛もよだつような罰を受ける。そのところで悪魔は探していた蒸し風呂を見つけだす。悪魔はそこへ向けて駆り立て、罪を増大させて、罪を犯したすべての人びとを責め立て、少しの罪でどれほど多くの人びとが断罪されたかを示す。すると人びとはまたもや絶望に陥り、死ぬのが嫌になり、そのため神を忘れ、死にいたるまで不従順にとどまってしまう。そのようになるのは、とりわけ人がそのさい罪を深く考えようと思い、罪とかかわることが当然であり、有益であると思うことに由来する。こうして人は自分では準備できていないし、未熟であるのを知って、自分の善いわざのすべてが罪だと考える。そこから死ぬことがいやになったり、神の意志に対する不従順と永遠の断罪が続かざるをえなくなる。というのは、そのときは罪を深く考える場所でも時でもないから。人はむしろ生きている間にそれをなすべきである。こうした仕方で悪い霊は万事を転倒させる。詩編五一編に「わたしの罪はつねにわたしの前にある」（五一・五）と語られるように、わたしたちは生きている間にこそ死や罪や地獄の像を目の前に置かなければならない。ところが悪い霊はわたしたちの目をふさいで、これらの姿を隠してしまう。死に臨んでわたしたちが生命・恩恵・至福を目の前に立てるべきときに、悪い霊はさっそくわたしたちの目を開かせ、時宜を得ていないもろもろの像をもって、わたしたちを不安に陥れ、正しい像を見せないようにする。

第八、不幸なときに地獄を見つめすぎたり、きびしく考えすぎたりすることによって地獄は大きくふくれ上がる。これをどこまでも助成するのは、人が神の裁き〔の真意〕を知らない場合である。悪い霊は魂を駆り立てて、無駄で役にも立たない知ったか振りや、きわめて危険なもくろみをいだいて、自分が〔救いに〕予定されているか否かと、神の摂理の秘密を穿鑿させようとする。ここで悪魔はとてつもなく大きな決定的な狡知と暴力を行使する。というのは、悪魔は人をこのように導いていき、神を警戒しないようにさせ、神の御心のしるしを求めさせ、自分が予定されているかどうか知らないでいることに我慢できなくさせるから。また悪魔は人間に自分の神について疑いをいだかせて、別の他なる神を憧れるように仕向けるからである。

　要約すると、悪魔はここで暴風を起こして神の愛を吹き消し、神に対する憎しみを引き起こそうとたくらむ。人が悪魔に服従し、こうした考えを許容するに応じて、ますます危険な状態となり、ついには忍耐できなくなる。彼は神を憎むようになり冒瀆するようになる。わたしが救いに予定されているかどうかを知ろうとするのは、神が知っておられることをことごとく知ろうとすることであって、神と等しくなろうとすることにほかならない。神がわたしよりも多く知ってはならないということは、神が神でなく、わたしよりも多く知ってはならないということを意味する。そこでは悪魔がどんなに多くの異邦人・ユダヤ人・キリストの子どもたちを滅ぼそうと狙っており、そのように危険で無益な想念でもって、そうではなければ喜んで死に行く人が死を忌み嫌うように促す。つまり人が予定説によって攻撃を受けるとき、地獄の試練を受けるのである。詩編はこれに関して多くの箇所で嘆いている。ここで勝利する人は地獄・罪・死を一纏めにして克服する。

第九、このような〔悪魔との〕交渉にさいして、人はこれら〔地獄・罪・死という〕三つの像の一つでも家の中に採り入れたり、魔がさしたりしないように(5)あらゆる努力を尽くすべきである。三つの像はそれ自身であまりにも強引に押し入って、その外観・論じ方・証示によって心を全面的に占領するようになる(6)。そのようになると人は絶望的になり、神をすっかり忘れていたことになる。このときこれらの像があるのは、人がそれらと戦って追い出すためなのである。実際これらの像が他の姿を透視させないで、ただそれだけで存在するのであれば、悪魔が属する地獄にしか所属しないことになる(7)。

ところで、これらの像と戦って、それらを追い出そうとする者は、それらを引きずり出し、殴りかかり、格闘するだけでは充分ではない。なぜなら、これらがあまりにも強く、事態はますます悪化するであろうから。〔これらに勝利する〕秘訣は、これらを全くほったらかして、それと全然交渉しないことである。しかし、そのためにはどうしたらよいか。

そのためにはあなたが死を生命において、罪を恩恵において、地獄を天において見なければならない。そしてたとえすべての天使とすべての被造物が――それどころか、それが神ご自身と思われる場合でも――、これとは別のことを提示しても、このような見方や洞察から引き離されてはならない。しかし、天使や被造物や神がそれとは別のことを示したりはしない。だが悪い霊がこのように見せかけるのである。これに対して人はいかに対処すべきか。

第十、あなたは死を、それだけ切り離して考えたり、死をあなたに即して、あるいはあなたの性質に即して考察してはならない。また、神の怒りによって殺された人びとや、死に打ちのめされた人びとのもとで死を凝視してはならない。そのようなことをすると、あなたは絶望に陥り、死に負けるであろう。そうではなく、あなたは自分の目と心の思い、およびあなたの感覚のすべてを死の像から強引に転向させ、ただ神の恵みの中で死んでおり、死に打ち勝った人びと、とりわけキリストにおいて、次いでキリストのすべての聖徒たちにおいてのみ死を見るように、絶えず心がけるべきである。見よ、これらの像においいては、死はあなたにとって、ぞっとしたり、惨たらしいものではなくなる。むしろ死は軽視され、殺され、すでに絞め殺されて、克服されているであろう。というのは、キリストは生命以外の何ものでもなく、キリストの聖徒もまたそのようだからである（詩編九七・一〇、一一六・一五）。キリストの像をあなたが深く、かつ、しっかりと心に銘じ、注視するに応じて、死の像はますます消滅する。こうしてあなたの心は平和を取り戻し、キリストとともに、またキリストにあって、安んじて死ぬことができる。それはヨハネ黙示録に「主キリストにあって死ぬ人びとはさいわいである」（一四・一三）とあるとおりである。それはまた、民数記二一章でも示唆されている（二一・六以下）。火の蛇に嚙まれたイスラエルの子らが、この蛇にはかかわらないで、青銅でできた死んだ蛇に目を向けたとき、生きていた蛇がひとりでに衰えて死んでしまった。そのようにあなたはキリストの死だけを心にとめなければならない。そうすればあなたは生命を見いだすであろう。だが、もしあなたが死をどこかほかのところで注視するならば、死はあなたを大きな不安と苦悩でもって殺すであろう。それゆえキリストは言う、「この世の中においては」つまりわたしたち自身においては、「あなたは不安があるが、わたしのうちには平安がある」（ヨハネ一六・

二二）と。

第十一、だからあなたは死を罪人においても、あなたの良心においても、またいつまでも罪にとどまって断罪された人びとにおいても見るべきではない。そうでないと、あなたは必ずや後退してゆき、打ち負かされるであろう。むしろあなたは自分の想いを転じて罪を恩恵の像においてのみ注視し、この像を力のかぎり自分のうちに形成し、目前に立てるべきである。

恩恵の像とは十字架に付けられたキリストと彼の愛する聖徒たちのすべてにほかならない。このことをどのように理解するのか。十字架に付けられたキリストがあなたの罪をあなたから取り去って、あなたの代わりに担い、その息の根をとめてくださることが恩恵とあわれみなのである。このことを堅く信じて、目の前に保ち、これを疑わないこと、それが恩恵の像を注視し、心に銘じることなのである。それと同様に「互いに重荷を負い合いなさい。そうすれば、あなたがたはキリストの律法を実現するであろう」（ガラテヤ六・二）と記されているように、すべての聖徒たちは、その苦しみと死にさいして、あなたの罪を自らの上に担い、あなたのために苦しみ労苦する。[8] キリストご自身も「重荷を担って苦労している者はみなわたしのところに来なさい。あなたがたを助けてあげよう」（マタイ一一・二八）と語っている。見なさい、このようにしてあなたは安心して自分の罪を、あなたの良心の外に見ることができる。[9] というのは罪はもはや克服されており、キリストのうちに呑み込まれてしまったから。なぜならキリストはあなたの死を引き受け、その息の根をとめたもうから。キリストがあなたのためにそうしてくださることを信じ、あなたの死をキリストのうちに見て、あなたのうちに見ないならば、死はあなたを害することができない。それと同じく、キリストはあなたの罪を引き受け、あなたのためになるように全くの恩恵からご自身の義によって打ち勝ちたもう。あなたがこれを信じるなら、罪と死は決してあなたを害することはない。したがって、生命と恩恵の像であるキリストは、死と罪の像に対抗するわたしたちの慰めである。そのことをパウロは第一コリント書一五・五七で言う、「ほむべきであり感謝すべきことには、神はキリストによってわたしたちのために罪と死に勝利することを与えたもうた」と。

第十二、あなたは予定に伴われる地獄や永遠の苦痛を、あなた自身や罰に定められた人びとにおいて見てはいけない。また全世界の選ばれていない多数の人びとのことを心配すべきではない。というのは用心しないと、この地獄の像はすぐにも襲って来てあなたを地に倒すであろうから。だからあなたはそのような光景を見ないように目を力ずくで閉ざしておかなければいけない。なぜなら、あなたが千年ものあいだそれとかかわりあって来ても、何の役にも立たず、一挙にあなたを滅ぼすから。とはいえあなたは神を神となし、神があなたについて、あなた自身よりずっと多くを知っていると認めなさい。

それゆえ、天上的な像をしたキリストに注目しなさい。キリストはあなたのために地獄にくだりたまい、永遠にのろわれた者のひとりとして、神から見捨てられたもうた。だからキリストは十字架の上で「エリ、エリ、ラマ、サバクタニ、すなわち、わが神、わが神、どうしてあなたはわたしをお見捨てになったのか」(マタイ二七・四六)と語りたもうた。

見なさい、この像の中であなたの地獄は克服され、あなたの不確かな選びは確かにされた。なぜならあなたがこのことだけを気遣い、それが「あなたのために」なされたことを信じるなら、あなたはこれと同じ信仰によって確実に救われるであろうから。だから、それをあなたの目から奪われないようにし、あなたをただキリストのうちに求め、あなたのうちに求めないようにしなさい。そうすれば、あなたは自分をキリストのうちに永遠に見いだすであろう。

そこで、あなたがキリストとそのすべての聖徒たちとに注目し、彼らをこのように選びたもうた神の恩恵を喜び、この喜びの中に堅くとどまるならば、神が創世記一二・三で「あなたを祝福する人はみな祝福される」と語っているように、あなたもすでに選ばれている。あなたがこのことにのみ堅く寄りすがらないで、あなた自身の考えに落ち込んでいるなら、あなたのうちには神とその聖徒に対する不快感が目をさますであろう。そうしてあなたは自分のうちに善いものを何も見いださないであろう。用心するがよい。悪い霊が多くの奸計を用いて、あなたをそのように追い立てるであろうから。

第十三、これら三つの像もしくはそれとの戦いが士師記七章に示唆されている（七・一六以下）。そこではギデオンが夜陰に乗じて三百人を引きつれて三つのところからミデアン人を攻撃したとき、彼はラッパを吹かせ、空の水差しとランプ(10)をぶつけたにすぎなかったのに、敵は遁走し、自滅した。同様に死と罪と地獄はその力のすべてをもって闘争するであろう。そのさい、わたしたちはたんにキリストとその聖徒たちの輝かしい像を夜陰に自己の内に働かせるだけである。夜陰にというのは信仰においてということであって、信仰は悪い像を見ないし、見ることもできない[11]。それに加えて神の言葉をラッパに用いてわたしたちを励まし強化するなら、死・罪・地獄は退散するであろう。同様にイザヤ書九・四は同じ三つの像に対し次の三つの像を巧みに引きだし[12]、キリストについてこう語っている。「ミデアン人のときと同じように、あなたは彼の重荷、肩の上にある杖、追い立てる者の権力を打ち破った」。イザヤはあたかも次のように言おうとしたようだ。「あなたは、あなたの民の罪――これは民が良心において負っている重荷である――と死――これは民の背中を圧迫する杖もしくは罰である――と地獄――これは追い立てる者の権力と暴力であって、罪に対する永遠の賠償が要求される――のすべては、ミデアンの日に起こったように、あなたによって打ち勝たれる。つまりギデオンがふたたび剣をふるうことなく敵を追い払った信仰によって打ち勝たれる」と。いつキリストはこのことをなしたもうたか。それは十字架においてである。キリストはご自身をわたしたちのために三重の像として示すべく準備され、悪い霊とわたしたちの本性とがそれと戦ってわたしたちを信仰から引き裂く〔罪・死・地獄の〕三つの像に対抗してわたしたちがそれを信じるように突きつけた。キリストは死に対抗する生ける不滅の像である。彼は死の苦しみを受け、その生命によって死人の中からの甦りをもって死に打ち勝ちたもうた。彼は罪に対抗する神の恩恵の像であって、罪をその身に引き受けたが、不退転の服従によってこれに打ち勝った。彼は天上の姿であって、呪われた者として神から見捨てられたが、その絶大なる愛によって地獄に打ち勝ちたもうた。こうして彼は最愛の御子であり、わたしたちがそのように信じるなら、わたしたちのすべてに同じ神の子となることを得させたもうであろう。

第十四、さらにキリストはご自身において罪・死・地獄を克服し、わたしたちにそれを信じるように示したもうたばかりか、わたしたちがこれらの像によって受ける試練を蒙り（ヘブライ四・一五）、それを克服して、最大の慰めをもたらしたもうた。キリストはわたしたちと全く同じように死・罪・地獄の像によって試練を受けたもうた。ユダヤ人たちはキリストの前に死の像をかかげて言った。「十字架から降りて来い。他人を救ったのなら、いま自分自身を救え」(マタイ二七・四〇、四二)と。これはあたかも「もう、お前は死を目前に見ている。お前は死なねばならない。もう、とてもだめだ」と彼らが語っているかのようだ。それはちょうど悪魔が死に臨んでいる人に死の姿を見せつけて、戦慄する像でもって愚かな人を震えあがらせるのと同じである。

ユダヤ人たちは(13)キリストの前に罪の像を立て、「彼は他の人を救った。神の子なら、下に降りて来い……」(同)と言った。彼らは次のように述べているかのようである。「彼のわざは偽りであり、全くの欺瞞であった。彼は悪魔の子であり、神の子ではない。身も心も悪魔のものであって、善いことなど一つもなしておらず、全くの悪意にすぎない」と。ユダヤ人たちはキリストの前に地獄の像を投げつけて次のように言った。「彼は神に信頼している。神が彼を救うかどうか見よう。彼は自分が神の子であると言うから」(マタイ二七・四三)と。彼らは「キリストは地獄に入って当然だ。神は彼を〔救いに〕予定などしていない。彼は永遠に滅びる。信頼も希望も役立たない。すべては無駄だ」と言っているかのようだ。

そしてユダヤ人たちがこれら三つの像を順序もないままに乱雑にキリストに押しつけた

ように、人間はこれらによって同時に一挙にまともに攻め立てられると、それに迷わされ、たちまち絶望してしまう。それは主がルカ福音書一九章にエルサレムの滅亡について述べているとおりである（一九・四三以下）。すなわち「彼らの敵は彼らの周囲に塁をめぐらし、そこから脱出できないようにする（それは死である）。彼らの敵はいたるところで彼らを不安に駆り立て、どこにもとどまり得なくさせる（それは罪である）。第三に彼らの敵は彼らを地に倒し、一つの石も他の石の上に残らないようにさせる（それは地獄と絶望である）」（ルカ一九・四四以下）。

わたしたちがここに見るように、キリストはこれらの言葉や戦慄すべき像のすべてに対して、黙しておられ、争いたまわず、それらを聞いたり見たりしないかのように振る舞い、何ものにもお答えにならない。たとえキリストがそれらに答えられたとしても、それらがいっそう激しくかつ恐ろしくわめき立て追及する原因を与えるだけであろう。キリストはただ御父のもっともやさしい意志だけに注目し、ユダヤ人たちが彼に打ち付けた死・罪・地獄のことを忘れ、彼らのために祈り（ルカ二三・二四）、彼らの死・罪・地獄のためにとりなしの祈りをなされたであろう。それゆえ、わたしたちもこの同じ像を彼らが好むがままに襲いかからせ、落下させ、神の意志に寄りすがることだけを考えるべきである。神の意志というのは、わたしたちがキリストに付き従い、わたしたちの死・罪・地獄がキリストによって克服され、もはやわたしたちを害することができないことを固く信じることである。こうしてキリストの像がわたしたちの内にのみとどまって、キリストとだけ論じ、交渉をもつようになる。

第十五、さて、わたしたちは再び聖なるサクラメントとその効力に立ち戻って、それが何のために役立ち、何のために用いられるべきかを学びたい。罪の告解をなし、赦されて、終油を塗られる恩恵を受けた人は、先に述べたようにサクラメントによって慰めを得て信頼し、サクラメントを信じるなら、神を愛し、ほめたたえ、感謝し、喜んで死ぬことができる大きな理由をもっている。なぜなら、サクラメントをとおして司祭によってかかわり、あなたと語り、あなたに働きかけるのは、あなたの神、あなたとともなるキリストご自身であって、人間のわざや言葉が生起しているのではないから。今キリストについて語られたすべてのことを、神ご自身はあなたに約束し、サクラメントを次のような真のしるしと証書となそうとされる。つまり、キリストの生命があなたの死を、キリストの従順があなたの罪を、キリストの愛があなたの地獄を引き受けて克服したことのしるしと証書なのである。加えて、あなたはこれらのサクラメントによってすべての聖徒たちと一体的に合一され、聖徒たちとの真の交わりに加わり、聖徒たちはあなたとともにキリストにあって死に、罪をにない、地獄を克服する。それゆえサクラメント、つまり司祭をとおして語られる神の外的なみ言葉は、まことに大きな慰めであり、いわば神の想い〔つまり愛〕の目に見えるしるしなのである。わたしたちはこれを堅い信仰をもって把握しなければならない。すなわち族長ヤコブがヨルダンを渡るときにたずさえていた頑丈な杖のように（創世記三二・一〇）、また人が死・罪・地獄という暗い道を辿るとき、準備し、かつ、熱心に目をとめるべき灯火のように、把握すべきである。それは預言者が「主よ、あなたの言葉はわたしの足の灯火です」（詩編一一九・一〇五）と述べたとおりである。[14] また聖ペテロが「わたしたちは確かな神の言葉をもっている。あなたがたはそれに目をとめるがよい」（Ⅱペテロ一・一九）と言うとおりである。死の窮地にあってはその他の何ものも助けることができない。というのは救われる者はすべてこのしるしをもって救われるから。それによってキリストとその像が示され、あなたが死・罪・地獄の像に反対して次のように言うことができる。「キリストの生命がご自身の死によってわたしの死を克服し、キリストの服従がご自身の受苦によってわたしの罪を根絶し、キリストの愛が、ご自身が神に見捨てられることによってわたしの地獄を破壊したもうた。神はこのことをわたしに約束し、その恩恵の確かなしるしをサクラメントにおいて与えたもうた。このしるし、わたしの至福の約束は、わたしをだましたり、欺いたりしないであろう。神がそれを言われたのであり、神は言葉においても、わざにおいてもだますことはできない」と。したがって、このように探求し、サクラメントに寄りかかる人は、心配し労しなくとも、自分が神に選ばれ〔救いに〕予定されていることを明らかに見いだすであろう。

第十六、ここで最大の力を発揮するのは、神の純粋な言葉・約束・しるしが現われる聖なるサクラメントを大切にし、敬い、信頼することである。つまり、わたしたちがサクラメントを疑わず、その確かなしるしとなっているものを疑わないことである。実際、もし疑われるなら、すべては失われる。なぜならキリストが言うように、わたしたちが信じるとおりに、わたしたちになるからである（マタイ二一・二一、一五・二八）。あなたが他人の死・罪・地獄がキリストによって打ち勝たれたことを考えまたそう信じたところで、それは何の役に立とうか。あなたが自分に示され、与えられ、約束された事柄を信じないかぎり、サクラメントは全く無益であろう。このことは起こりうるもっともひどい罪であって、それによって神ご自身がその言葉・しるし・わざにおいて虚言する者とみなされる。虚言する者は自分が考えもしなければ、守ろうともしないことを語り、示し、約束する人である。したがってサクラメントを揶揄してはならない。サクラメントを信頼し、このような神のしるしと約束に喜んで賭けるだけの信仰がなければならない。わたしたちを死・罪・地獄から救うことができず、救おうとしないような救い主や神は、どんな種類の存在であろうか。真正な神が約束し実現することは偉大なことでなければならない。

するると、悪魔がやってきて、あなたの耳に「わたしにはサクラメントを受ける価値がなく、わたしの無価値ゆえに、そのような恩恵を奪われているとしたら、どうなのか」とささやく。そのときには、あなたの前に十字を切りなさい。価値とか、無価値とかであなたを悩ませないようにしなさい。神の確かなしるしや神の言葉があると信じるように注意しなさい。そうすればあなたはきっと価値あるものであり、価値あるものにとどまるであろう。信仰が価値あるものとなし、疑いは無価値を生じさせる。それゆえ悪い霊は価値や無価値でもってあなたを惑わして、あなたに疑いを懐かせ、それによってサクラメントをそのわざもろとも無に帰し、神をその言葉によって虚言する者となそうとする。

神はあなたの価値のゆえにあなたに何もくださらない。神はあなたの価値の上にその言葉とサクラメントを立てたまわない。そうではなく神は全くの恩恵から無価値なあなたを彼のみ言葉としるしの上に立てたもう。あなたはこれに堅く寄りすがって次のように言いなさい。「わたしにご自分のしるしと言葉を与えてくださったし、〔今も〕与えてくださるお方、こうしてキリストの生命・恩恵・天国が、わたしの死・罪・地獄をわたしにとって無害となしたお方こそ神であり、神はわたしに万事を善となしたもうであろう。司祭がわたしに赦しを授けるとき、それを神ご自身の言葉としてわたしは信頼する。その〔司祭の言葉〕が神の言葉であるなら、それは真理となろう。そこにわたしはとどまる。その言葉を信じてわたしは死ぬ」と。というのは神があなたに特別の天使か使徒を遣わしたと同じように、いな、それどころかキリストご自身があなたに赦しを与えると同じように、司祭の赦しの言葉にあなたは堅く信頼すべきであるから。

第十七、見よ、サクラメントに与る人は、神のしるしと約束を得るという利益をもつ。そこにおいて彼は信仰を鍛え強化することができる。彼はキリストの像と宝に向けて召し出されている。他の人びとはこのようなしるしをもたないで、ただ信仰においてのみ活動し、心の願いによってこれを獲得しなければならない。それにもかかわらず彼らはその信仰にとどまるならば、救われはするであろう。それゆえ、あなたは聖壇のサクラメントについて次のように言うべきである。「司祭がわたしにキリストの聖体を与えてくださった。(15)それはすべての天使および聖徒たちとの交わりのしるしと約束であって、彼らはわたしを愛し、わたしのために配慮し、祈願し、わたしとともに苦しみ、死に、罪をにない、地獄を克服するというなら、事実そのようになるであろうし、またそのようになるに相違ない。神のしるしはわたしを欺かないし、わたしからそれが取り去られるのを許さない。わたしがそれについて疑いを懐くとしたら、その前に全世界とわたし自身とを否定したいくらいである。わたしの神はそのしるしと約束においてわたしには確実であり、真実である。わたしがそれに値しようと値しなかろうと、このサクラメントが宣言し告知することにもとづいてわたしはキリスト教会の一員である。神が誠実であると考えられないよりも、わたしが価値がないほうがよい。悪魔よ、お前がわたしにこれとは別のことを言うなら、その姿を消してくれ」と。

ところで見なさい、自分が神とどういう関係にあるかを確かめたがったり、そのしるしを天から得ようとしたり、神に自分が予定されているかを知りたがったりする人たちが多く見いだされる。彼らがそのようなしるしを得ていないながらも、それを信じないとしたら、それは彼らに何の役に立つであろう。信仰がないなら、すべてのしるしは何の役に立とうか。ユダヤ人たちにとってキリストと使徒たちのしるしは何らかの役にたったか。今日においても、なおサクラメントの尊いしるしと神の言葉は何の役に立っているのか。どうして彼らはこの確かに定められたしるしであるサクラメントに寄りすがらないのか。それはすべての聖徒によって吟味され検討されており、そのしるしが示す伝承のすべてを信じた人びとによって確実であると見いだされているではないか。それゆえ、わたしたちはサクラメントが何であり、何に役立つか、どのようにそれを用いるべきかを知らなければならない。そうすると、わたしたちは悲しむ心ややましい良心をよく慰めうる点で、サクラメントに優るものはこの地上にないことがわかるであろう。というのは、サクラメントの中に神の言葉が存在しているからである。サクラメントが役に立つのは、それがわたしたちにキリストを示し、死・罪・地獄に対抗してキリストの宝、つまりキリストご自身を約束するからである。死・罪・地獄が抹殺されるのを聞くことよりも好ましく望ましいことはない。わたしたちがサクラメントを正しく用いるなら、そのことはキリストによってわたしたちに生じる。それを使用するとは、サクラメントが神の言葉によって約束し、誓っていることを、そのとおりであると信じることにほかならない。それゆえ、三つの像をキリストにおいて捉え、これによって対立する像を追放し、転落させるだけでなく、それがわたしたちに与えられていることをわたしたちに保証する確かなしるしをもつことが必要である。これがサクラメントなのである。

第十八、キリスト者はその臨終のときに、自分がひとりで死んでいくのではなく、サクラメントの教示にしたがって、多くの目が自分に注がれていることに疑いを懐いてはならない。まず第一に、神とキリストの目が注がれている。それはキリスト者が神の言葉を信じ、神のサクラメントに寄りすがっているからである。次には、愛する天使・聖徒たち・すべてのキリスト者たちが見守っている。[16] というのは聖壇のサクラメントが教示しているように、これらの人々はことごとく一つのからだのように、からだの肢体〔を助けるよう〕に立ち向かい、キリスト者が死・罪・地獄に打ち勝つように助け、すべて〔の重荷〕を彼とともに担うからである。

ここに愛のわざと聖徒の交わりが真剣に、かつ、力強くはじまる。またキリスト者はこのことを想起し、疑いをいだいてはならない。こうして彼はそのとき死に対して大胆となる。実際、それを疑う者は、あらゆる窮地にさいしても、すべての聖徒たちの交わり、援助、愛、慰め、支えが示され、約束され、保証されるキリストのからだの尊いサクラメントをまさしく信じないのである。なぜなら神のしるしと言葉をあなたが信じさえすれば、神はフィールマーボー〔確かに〔目を〕とめよう〕すなわち「わたしはあなたが滅びないように、わたしの目をたえずあなたにとめよう」〔詩編三二・八〕と語られるように、神はあなたに目をとめたもうから。しかし神があなたに目をとめたもうときには、すべての天使・すべての聖徒・すべての被造物は、神にならってあなたに目を注ぐ。そしてあなたが信仰にとどまるならば、彼らはすべて手をのべてあなたを支える。あなたの魂が立ち去るときには、彼らがそこにいてあなたを迎える。あなたが滅びることはあり得ない。このことはエリシヤによって証言されている。彼は列王記下六章でその僕に対し「恐れるな、われわれと共にいる者は彼らと共にいる者よりも多いから」（同六節以下）と言う。とはいえ、そのとき敵が彼らを取り巻き、敵のほか何も彼らは見なかった。しかし神は僕の目を開きたもうた。そこには火の馬と火の車が彼らの周りに群がっていたのだ。神を信じる一人びとりの周りにも、確かにそのようになっている。詩編では「神の天使は神を畏れる者たちのことに心をくばって、彼らを救われる」（三四・八）と語っている。また、「神に信頼する者はシオンの山のように動かされることはない。その人は不動にとどまるであろう。高い山々――それは天使である――が彼を取り囲んでおり、神ご自身が今からとこしえにその民を取り巻く」（詩編一二五・一）とある。さらに「主はあなたを天使たちに委ね、あなたがどこへ行こうと手でもってあなたを支え、あなたが石に足を打ちつけないようにあなたを守る。あなたは蛇とトカゲとを踏みつけ、ライオンと龍を足の下に踏みにじるであろう（つまり、悪魔はあらゆる力と策略とをもって攻撃しても、あなたに何事もなしえないであろう）。というのは彼がわたしを信頼しているからである。わたしは彼を救う。わたしは彼がすべての試練にあうとき、わたしは彼とともにいるであろう。わたしは彼を救い出して、彼に栄誉を授けよう。わたしは彼を長寿をもって満足させよう。わたしは彼にわたしの永遠の恩恵を示そう」（詩編九一・一一―一六）とある。こういうわけで使徒も、「無数の天使たちは同時に奉仕するものであり、救われる人びとのために派遣される」（ヘブライ一・一四）と語っている。

これらのことはすべて偉大な事柄である。だれがこれを信じようか。それゆえ、それが神のわざであって、人が考えることができるよりも偉大であると知るべきである。そして神は大いなるわざをそのように小さなサクラメントのしるしにおいて実現し、神に対する正しい信仰がいかに偉大な事柄であるかをわたしたちに教えたもう。

第十九、しかし、そのような事柄を自分の力で実行しようなどと思いあがってはならない。そうではなく、神がわたしたちのうちに聖なるサクラメントに対する信仰と理解を起こし、保ってくださるように謙虚になって神に祈り求むべきである。それは、これらのことが畏怖と謙虚をもって行なわれ、わたしたちがそのようなわざを自分自身に帰さないで、神に栄誉を帰すためである。このために人はすべての聖天使たち、とりわけ自分の守護天使、神の母、すべての使徒と愛する聖徒たち、わけても神が特別の帰依を寄せるよう授けた聖徒たちに呼びかけねばならない。しかし、祈りが聞き入れられるのを疑わないで、そのように祈り求めるべきである。これには二つの理由がある。その一つは、今ちょうど聖書から聞いたところであるが、神が彼らに、つまり天使や聖徒たちに命じたまい（詩編九一・一二）、またサクラメントも証するように、彼らが信じるすべての人たちを愛し助けるにちがいないということである。人はこの点を天使や聖徒たちに提示し、実行するように迫らなければならない。これは彼らがそれを知らないからでも、またそうしなければ実行しないからというのでもない。そうではなく彼らに対する、また彼らをとおして神に対する信仰と確信がますます強くなり、いよいよ喜んで死の前に出るためである。第二の理由は、わたしたちが祈ろうとするとき、わたしたちの祈願が実現し、真にアーメンとなることを（マタイ一一・二四）、堅く信じるように、神が命じたもうたことである。この命令をわたしたちは掲げて迫り、次のように言わなければならない。「わが神よ、あなたは祈りが聞き入れられるように願い、かつ、信じるように命じたまいました。ですから、あなたがわたしを見捨てず、正しい信仰を与えてくださるように、わたしは願い、あてにしています」と。

さらにわたしたちは、臨終にそなえて正しい信仰が与えられるように、神とその聖徒たちとに全生涯を通じて願い求めなければならない。それはちょうど聖霊降臨日に全く素晴らしい仕方で「この悩み多い世を離れ、故郷に帰るに当たって、わたしたちは今、正しい信仰を与えたまえと聖霊に祈る。等々」と歌われるのと同じである。そして死ぬべきときが来たならば、神の命令と約束と一緒にこの祈りを思い起こし、それが聞き入れられることを決して疑ってはならない。というのは神が願い求めることと、祈りを信頼することとを命じておられ、さらに願い求める恩恵を与えたもうたから。神がそれを聞き届け、実現するために、すべてをなしたもうたことを、どうしてわたしたちは疑ってよかろうか。

第二十　さて、見たまえ。あなたが死を喜んで迎え入れ、死を恐れないで克服するために、あなたの神はあなたに対し何をしなければならないのか。あなたが死・罪・地獄の像によって驚愕しないために、神はキリストの内に生命・恩恵・救いの像をあなたに示し与えたもう。さらに神はあなたの死・あなたの罪・あなたの地獄をその最愛のみ子に負わせ、あなたのためにそれに勝利し、それがあなたを害さないようにしたもう。それに加えて神はあなたの死・罪・地獄の試練をもみ子の上に移し、試練に耐え、試練が害さないように、さらに試練を耐えやすくするようにあなたに教えたもう。神はあなたにこれらすべてについて確かなしるし、つまり聖なるサクラメントを与えて、あなたが疑いをもたないようになしたもう。神はその天使たちとすべての聖徒たちおよびすべての被造物に命じて、ご自身と一緒にあなたに目をとめ、あなたの魂に注目し、これを受け入れたもう。あなたが神からこのことを願い求め、その願いが聞き入れられることを確信しなさい、と神は命じたもう。これ以上の何を神はなすことができようか。あるいは神はなすべきであろうか。それゆえ、あなたは神が真正な神であり、あなたに対し正しく偉大な神的なわざをなしたもうことを知るであろう。神が死とともにこんなにも大きな利益・援助・力を加えたもうとき、（この死のように）偉大なものを課してはいけない理由があろうか。詩編一一〇編に

「神のみわざは偉大であり、御心に適うすべての人によって究められる」（詩編一一一・二）と書かれているように、神はその恩恵のなしうるものを実行しようとされる。

したがって、神が死・罪・地獄に対抗してまことに不思議で、豊かな、計り知れない恩恵とあわれみをわたしたちにほどこしたもうことを、わたしたちは常に大きな喜びをもって心から神の御心に対して感謝するよう心がけねばならない。また死をひどく恐れないで、むしろ神の恩恵をほめたたえ、愛すべきである。というのは神がイザヤをとおして、「わたしはあなたの口をわたしに対する讃美をもって抑え、あなたが滅びないようにする」（イザヤ四八・九）と語っているように、愛と讃美と死をこの上なく軽くするからである。そのように神がわたしたちを助けてくださるように、アーメン。

（1）文頭の「イエス」という題字はルターがこの時代には文書の書き出しによく用いた手法である。
（2）本文ではここにはM・L・Aというサインだけ記されている。
（3）死が「誕生日」と言われたのは、人びとの死んだ日がめぐってくるたびに教会でなされた式典に由来し、キリストの死と復活の後、死はキリストを真に信仰するすべての者にとって生命への移行とみなされたからである。
（4）ルターは終油をいまだサクラメントとして認めているが、悔い改めと同様に、後にサクラメントとしての意義を否認した。
（5）「魔がさしたりしないように」とは原文では「悪魔に戸の上に絵を描かせない」である。
（6）「像」というのは Bild の訳語で「絵、絵姿、姿、似姿、形相（ぎょうそう）」などと訳すことができる。この「像」でもって語る方法は当時の「死ぬ技術」（ars moriendi）の手法であって、絵を使用して死の準備を説いていたことに由来する。詳しくは「解説」を参照。
（7）「他の姿を透視させない」というのは死の像をとおしてさまざまなことが連想されて恐ろしい地獄図が情念によって感得されることをいう。この意味で苦悩する人は「悪魔の殉教者である」とも言われる。『詩編九〇編の講解』本書一一〇頁を参照。
（8）聖徒たちのこの代理的苦しみは、救いの力を持つものではない。救いの力は、当然ただキリストの受難にのみ帰せられるべきである。しかしながら、ここに引用されているガラテヤ六・二からもうかがわれるように、ルターは聖徒の苦しみを「交わり」の思想から重んじている。
（9）「良心」は自己糾弾を行なうため、地獄を作り出すと考えられている。それゆえ、「良心の外」というのは自己自身のみを見つめて苦しむことなく、キリストの恩恵の中にあることを意味する。
（10）るつぼ型の粘土製のランプのこと。

(11) 信仰は理性の光が届かない暗闇における認識を示す。そこで「夜陰に」とは「信仰において」という意味である。つまり光がない夜陰には人は何も見ることができないが、それでも信仰によって見えないことを把握できる。

(12) ここから「罪・死・地獄」と「生命・恩恵・天国」とが対立して弁証法的に説かれる。

(13) 原文ではこの段は次の段の後におかれている。これはすでに一五一九年以来こうなっているが、印刷上の手違いだろうとされている。

(14) ルターは詩編の作者を好んで預言者と言っている。

(15) 聖餐のときに配られるパンとぶどう酒を指し、それがキリストのからだと血とを表わす。

(16) ルターは一五一九年ごろまではいまだカトリック的な天使や聖人に対する崇拝を完全にやめていなかった。

解　説

一　『詩編九〇編の講話』（Enarratio Psalmi XC 1534 / 35, Weimarer Ausgabe 40, III, 476-594）

この講義は、冒頭に記されているように、一五三四年から翌年にかけてヴィッテンベルク大学において行なわれた公開講義であり、ルターの晩年の最大の著作『創世記講義』（WA 42-44）を開始するに先立って、その序説として、この「モーセの祈り」という表題をもつ詩編の講義が行なわれた。講義はラテン語でなされ――時折ドイツ語がいつものように飛び出してくるのであるが――、一五三四年一〇月二六日、一一月二、三、九、一〇日と続けられ、翌一五三五年三月八日と五月三一日にわたって行なわれた。この講義を忠実に筆記した者はレーラー、クルーツィガー、ディートリッヒであり、レーラーが印刷のために原稿を用意し、ディートリッヒが一五四一年に出版した。したがってルターの自筆になる原稿はなく、ワイマール版では筆記に詳細な校訂と脚注を付したものと印刷の部分が対照されて収録されている。印刷の部分は筆記と校訂のテキストを加えて出来上がっており、その際編集して出版したディートリッヒの加筆も明瞭であって、ワイマル版はこの加筆の跡を注記している。わたしは印刷の部分の方が文章としては読み易いので、翻訳は印刷にもとづいて行なった。筆記の部分はラテン文も不完全であるのみならず、本文の校訂が非常に複雑で整理が困難であるため、訳出することが不可能であると判断せざるをえなかった。幸いなことにディートリッヒの加筆挿入した部分が明らかであるので、この部分を注に記すことによってルター自身の思想を正しく伝えることができる。この点『ガラテヤ書講義』(筆記一五三一年、印刷一五三五年)とは事情が違っている。

なお、この詩編講義の最初の独訳が一五四一年ヴィッテンベルクで出版されている。その表題には「詩編九〇編、モーセの祈り。死とは何か、また如何に死から逃れるべきかについてのマルティン・ルター博士による解説」とあって、人間の死と不幸がこの講解の主題となっていることを示している(WA 40, III, 482)。

この詩編講解は数多いルターの著作の中にあって特別な意義をもっており、比較的小規模な作品であるにもかかわらず、これまで多くの研究者によって注目されてきた。かつてルントで開催されたルター学会のゼミナールの第一部門においてもこの作品が選ばれていることを見ても、いかに重要な作品であるかが推測されるであろう。その理由は何といっても人間における生と死の問題を正面から取り扱い、ルターの思想の実存的性格が全面的に展開しているからである。また、この講解は他の著作と違い論争的でない。論争の場合にはルターは激しやすく、思想も一面的になりがちであるが、ここでは冷静に人間の生と死という永遠の問題に沈潜している彼の姿にわたしたちは触れることができる。ルターは元来聖書学者であり、彼の著作はすべて聖書の釈義から成立している。つまり聖書を解釈することからその思想を構築しているのであって、この詩編講解でも、詩編の本文を解釈しながら生と死について彼の思想が展開している。

死の問題がルターの宗教生活の発端となっている点をまず考えてみなければならない。一五〇五年七月シュトッテルンハイム近郊において彼は稲妻をともなった激しい雷雨に打たれた。ここでの死の経験は彼の修道院に入る方向を決定したものであったが、この時のことを彼は「好んでまた憧れてではなく、突然に死の恐怖と苦悶に取り巻かれてわたしは自発的でない強制的な誓約を立てた」（WA 8, 573, 31ff.）と語っている。修道院での内的危機も、この詩編講義で二回にわたって言及されているように、死の問題と関連している。ルターの修道士となる誓約は人びとの讃嘆するところであったが、現実には死の試練はたえず彼を襲っていた。一五三三年に彼は次のように書いている。「わたしはわたしの行ないの徳が称賛されるのを聞いた。しかし、わたしはそのようなことをすこしも経験しなかったし、死の変化が現われ、わたしの罪の意識がわたしを攻めはじめると、わたしはもはや、なすべを知らなかった。わたしの洗礼もわたしの修道士であることもわたしの助けにならなかった。わたしはこの世でもっとも不幸な人間であった。昼も夜もわたしは涙を流し、絶望するほかなかった」（エルランゲン版全集 31, 279. ストロール『ルター・生涯と思想』波木居斉二訳、三三頁以下に依る）。このように死は悪魔や罪とともに彼の心を攻撃し絶望へと追いやる試練となっていた。

この種の死は身体的な自然死ではなく、霊的な意味での死とみなすべきである。死は非存在という死滅の脅威ではない。彼は時間的死と永遠的死とを区別し、前者は身体と魂の分離であり、後者に対する単なる比喩にすぎず、「壁に描かれた死」のようであると言う（WA 56, 322, 10ff.）。死が霊的で永遠の意味をもってくるのは永遠者なる神との関係の中で死を神の怒りとして感じる時である。この意味で「死は罪の払う値である」（ローマ六・二三）と聖書で言われる。だからルターでは死の不安という非存在の脅威が、罪の意識から感じとられた神の怒りに発する呪詛の不安と結びついて「死は神の審判であり、神の怒りである」（WA TR 4, 6972）と語られるようになっている。つまり死の運命的要素と呪詛の要素とが結合し、霊的意味でとらえられている。

ルターの宗教生活の出発点にはこのような経験があり、これを克服する道が探求されている。彼はキリストの福音において永遠者なる神の憐れみと愛をとらえ、ここに永遠の生を信ずるにいたる。この永遠の生は死の脅威が無限に高められているのに応じて、無限に高まっている。死のもつ否定の度合いが、永遠者との関係でその勢位を無限に高めていながら、逆説的に永遠の生命が肯定される。

『詩編九〇編の講話』はこの点に立って生と死を考察している。一例として彼の語っているところを引用してみよう。「神が永遠にして全能であって、測り難く無限であるという、神に関するこのような叙述から、次の二つのことが続いて生じる。第一に、神の住処もしくは神を畏れる者たちの上に臨む神の恩恵は無限であること、第二に、無頓着な者たちに向けられた神の憤怒もしくは怒りは測り難く無限であることである。なぜなら影響というものは、つねに作用因の強度に等しいからである」（本書四六頁以下）。

そこでルターは人間的生の現実を真剣に考察することの重要さを説き、不真面目な哲学者や神学者の言説を批判することから論述を開始する。人間の生の現実は悲惨でありかつ有限である。この現実は罪と死によって解明され、この両者を見くびり過小評価する態度こそ最悪の盲目であり、もう一つの悲惨であることを力説する。こうして人間が生とみなしているものは実は死にほかならない。この意味で中世の讃美歌に「生のさ中にあってわたしたちは死の中にある」（Media vita in morte sumus.）といわれている。この讃美歌の主題にもとづいてルターがドイツ語で作成した讃美歌の一節を紹介しておこう。

生のさ中にあって、我らは死に囲まる。

恵みを得んために、援けたもう誰を求めん。
そは主よ、汝のみなり。
主よ　汝を怒らせし　我らの罪を悔ゆ。
聖き主なる神　聖き力なる神
聖き憐れみ深き救い主、汝、永遠のみ神
苦き死の危険に我らを沈めたもうなかれ。
主よ憐れみたまえ。

（M. Luther, Geistlicher Lieder 1950, S. 20）

ルターはこの詩編講義の中で「生のさ中にあってわたしたちは死の中にある」という命題を逆転させて「死のさ中にあってわたしたちは生の中にある」（Media morte in vita sumus.）と語り、この生をキリストの福音の中にとらえている。

「律法の声は〈生のさ中にあってわたしたちは死のうちにある〉と安心しきった者たちに不吉な歌をうたって、戦慄させる。しかし他方、福音の声は〈死のさ中にあってわたしたちは生のうちにある〉と歌って力づける」（本書二一五頁）。

律法も福音も神の人間に対する語りかけの言葉であるが、律法は、罪と死について考えず、自己満足のうちに安心して生きている者たちに、「鉄槌」となって下り、自己の真の認識にいたらせ、神の恩恵を求めるようにさせる。したがってそれは罪と死を自覚させ、神の怒りを感じさせる神のわざであり、ルターはこれを神の「他なるわざ」と呼び、この他なるわざをとおして「本来のわざ」たる恩恵と憐れみの福音へと人間を導くと説いている。

次に、この作品をその著作全体のなかの位置、および同類の著作と比較して、その特徴を指摘してみたい。

ルターの著作活動の全体から見るなら、この詩編講義は「慰めの書」の系列に入る。この講義は彼の義認論を前面に打ち出しているものではなく、また教義や礼典についての論争をしているのでもない。この書においても、神の前に人間が自己の罪と死を自覚し、苦悩し傷める良心が信仰によって神に義とされ慰められる、という基本的主張が、くり返し語られてはいる。しかし、その中でも神の憐れみによる慰めが中心となっていて、「神の憐れみと神の慰め」を全面的に説いているがゆえに、「慰めの書」の系列に入るといえよう。ルターは一五一九年に三つの著作をとくにこの「慰め」を主題として書き残している。それは『キリストの聖なる受難の省察についての説教』と『死の準備についての説教』、『重荷を負い苦悩する者たちに対する慰めの一四章』である。ここにルターが中世的文学様式「死の技術」(ars moriendi) に従って死に対し苦悩する人びとを慰める著述を試みていることは明らかである。その後の彼の手紙や説教、また『卓上語録』のような短文にはこの慰めを主題とするものが多く残っているが、著作としては見当たらず、この『詩編九〇編の講話』において晩年の「慰めの書」が著わされたといえよう。

さて、初期の著作と比較していかなる特徴を、この著作がもっているかについて付言しておきたい。のちに解説する『死への準備についての説教』の中で彼は「あなたは死をそれだけ切り離して考えてはならない。死を生命において見なければならない」(本書一七四頁) と説いて、死を生との関係で論ずべきである点が強調されている。また死が罪・地獄・悪魔という系列の中にすえられ、死が人間に試練として外から攻撃してくる力としてとらえられている。これに対し、神の言葉・キリスト・サクラメントが対立的に立てられ、とくにキリストの受難を「省察」することが力説されている。この三つの特質は『詩編九〇編の講話』においても継承されており変化はない。著しい変化は人間の死の現実から目をそらしている人びとに対するルターの態度のうちに見られる。死を軽蔑し無視している人びとを、彼は攻撃する。彼がこれらの人びとをエピクロス派と呼んで非難しているのは、エピクロスの快楽主義が無神論であるばかりでなく、死後の審判とか地獄とかいう表象で精神に無益な苦痛を与えることを、エピクロスが極力しりぞけている点である。この意味でエラスムスの『対話集』にある「エピクロス派」まで批判されるにいたっている。このような傾向をもった人間を彼は「自己満足の安心に生きる人びと」と総括して命名している。初期の「慰めの書」は死に直面し苦悩する人びとに慰めをもたらそうとしているのに対し、後期の作品では死を死として真剣に考えていない動物のように無感覚な人びとに対する鋭い警告がくり返される。ここにルターが以前と違って広い視野に立っており、「生のさ中にあって死のうちにある」実存の覚醒を説いているのが明らかに知られる。

さらにもう一つ新しい点は、死と生とを見る人間的見方と信仰の見方との対立に求められよう。人間は生から死への方向で、つまり存在から非存在への方向で常に考えるが、神の創造のわざを信じる信仰者は死から生へ、つまり非存在から存在への方向での見方を学ぶとルターは説いている。この生から死への方向と死から生への方向との対立は、「死のとげは罪である」（Ⅰコリント一五・五六）という自覚によって、つまり死の恐怖と戦慄を罪に対する神の怒りと自覚し、キリストをとおし、神の憐れみをとらえることにより、結びつけられ、元来は非連続であるものの連続となる。それゆえに「死のさ中にあって生のうちにある」という弁証法的表現が生まれてくるのである。そのような主体的な弁証法的思考をこの詩編講義の特徴とみなすことができるであろう。

したがって、この詩編講義の基調は、死の陰惨な暗いペシミズムではなく、むしろこれを不断にのり越える、永遠に存続する生命への信仰と希望であり、かつ心からなる祈願であるといえよう。それゆえ、この講義の主題は「死」でも「生」でもなくて、「生と死」の弁証法にあるといえるであろう。この意味で本書の表題をわたしは『生と死の講話』となした。なお、この詩編講義についての諸々の解釈とその内容の学問的検討をわたしは拙論「生と死の弁証法」(『ルターの人間学』創文社、四五三―四八三頁)で試みているので、参考としていただければ幸いである。

訳文はできるかぎり正しくわかりやすいものにしようと努力したが、わたしの力量の不足はいかんともしがたいものであった。また文中には訳者による補足を数箇所加えたが、煩瑣になるのでいちいち明記しなかった。独訳(**Dr. M. Luthers Gesämmtiche Schriften, hrsg. J. G. Walch. Bd V, 732-799, Saint Louis.**)とポール・プレッチャーの英訳(Luther's Works, Vol. 13, Selected Psalms II, p. 73-141 Concordia Publishing House)を随時参照した。後者はかなり自由な意訳であり、教えられることが多くあったが、誤訳と脱落箇所も残念ながら見られた。ルターが引用しているギリシア・ローマの古典の引用箇所についてはワイマル版の注が参考になった。

二　『死への準備についての説教』（一五一九年）

選帝侯フリードリッヒの顧問官マルクス・シャルトの依頼によりルターは死の準備のための文書を書いた。ルターはエックとの論争を控えて多忙であったので、彼の師シュタウピッツの書物『キリストが喜び迎えた死のまねび』（Von der Nachfolgung des willigen Sterbens Christi, 1515）を推薦したが、論争後に彼自身の死についての考えをまとめた。ここにシュタウピッツに流入する中世神秘主義と「死の技術」とに対するルターの態度がいっそう明らかになっている。

『死への準備についての説教』においては死を生にかかわらせて見るというルターの死生観から試練の苦悩が福音の光の下に把握すべきことが強調される。さらに試練の構成要素である死・罪・地獄が人間を外側から襲撃してくる性格を明らかに示し、それとともに、神の言葉とサクラメントが人間の外側から内なる良心に呼びかけ庇護することが主張される。こうして、良心が主体的苦悩の担い手として考えられているのみならず、外部からの諸勢力の激突する戦場であることが示される。一五一九年に書かれたこの慰めの書は『九五箇条の提題』（一五一七年）に開始した宗教改革運動のただ中に書かれたものであり、ルターは自己の義認体験に忠実にとどまり、苦悩せる良心を免罪符の欺瞞からいかに守り、慰めと救済へと導くかという問題意識の下に立っている。

初めの部分は死の警告の形式に倣って財産の処分、自分に苦しみをかけた人を赦し、また人々から赦しを求め、神のみを指向し、力強く死路を歩むため悔い改めとサクラメントを受けるように勧めている。これは死の技術についての書物で述べられているものに等しいが、サクラメントの下で決定的に到来する神の約束を信じる信仰のしるしが説かれ、これにより罪、死、地獄という試練を構成している力から解放されると考えられている点にルターの思想的特質が示されている。

（1）　ルターの死生観、すなわち「あなたは死を、それだけ切り離して考えてはならない。死を生命において見なければならない」（本書一七四頁）という基本的姿勢から、死、罪、地獄という試練を構成している力が克服されるべきであると説かれる。なぜならキリストの贖罪によって死、罪、地獄はその破壊する力を全く喪失し、ただ見せかけの力として存続しているにすぎず、「キリストは純粋な生命にほかならないから」（Dan Christus ist nichts dan eytell leben. — WA2, 689, 12）である。死、罪、地獄という良心に提示される試練の三つの姿に対し、キリストは十字架においてこれらに対決し生命・恩恵・天国の三つの姿として現われている。前者は審判として働く隠れたる神による試練であるが、バントが説くようにそれがイエス・キリストの試練の戦いとの基礎的関連を看過するならば、誤解されるであろう[1]。ルターはイエス・キリストにより実現された死・罪・地獄の克服を決定的にめざしていて、試練の中にいる者を慰め信仰を勧め、すでに生じている神のわざを指示する。

この神のわざが良心において個々の人々の下で反復し、すでに実現された勝利により、自己自身の試練の戦いを戦い抜かねばならないとルターは考えている。そのようなルターの死生観はキリストにおける神の恩恵の勝利によって立てられていて、死を生において見るとは死に勝利したキリストの生において死を見るという意味であり、死・罪・地獄という試練を構成する否定的諸勢力はそれを克服した神の福音の永遠的な絶対肯定からのみ捉えられなければならないものと考えられている。さもなければ試練の力により人間は破滅してしまうのであり、試練は人間的地平では処理不可能な深淵性をもつ戦慄すべき内容をもっている。それは試練の根源に隠れたる神が怒りをもって良心に現臨しているからである。

（2）　試練を構成している死・罪・地獄の順序（anfechtung des tods, der sund, der helle WA2, 692, 36）は死に際しての試練の状況の展開に一致している。つまり、死に直面し、人生の来し方を顧みて罪が回想され、過去の罪が大きくかつ重くのしかかって地獄の報復が罰として、神の怒りの永遠の審判として感じられる。死にゆく者を襲う三つの像をルターは和らげようと試みているのではなく、これと対決するキリストによって提示される生命・恩恵・天国の三つの像でもって戦っている。前の説教に優ってすべては慰める者の姿に集中している。しかも新しい意味においてそれを試みている。すなわち、ルターは試練の像にキリストの像を対立させているだけでなく、「神の外的な言葉であるサクラメント」(die sacrament das ist die eusserliche wort gottis — WA2, 692, 36)の力を強調する。サクラメントの第一の働きはキリストの像を表象することであり、第二にわたしたちとともにキリストにおいて死と罪をにない地獄を征服した聖徒の交わりの中にわたしたちを合体させる。外的で可視的な神の言葉としてのサクラメントは試練により全く自己に絶望し死に渡された者に何らの資格もなしに外から与えられた純粋な恩恵であり、救いの絶対的確実性である。「神はあなたの価値のゆえにあなたに何もくださらない。神はあなたの価値の上にその言葉とサクラメントを立てたまわない。そうではなく恩恵から無価値なあなたを彼の言葉としるしの上に立てたもう」(本書一八八頁)。ここに試練の否定性を克服する根源力はもはやわたしという主体の中に置かれず、神の言葉とサクラメント、すなわち人間の主体を超越した外から人間に語りかけ、見える確実性を付与される神の恩恵に置かれている。だが、この事態は他ならぬ良心において自覚的に把握されるのであって、前の説教との一致点は「試練を受けた良心」においてルターの神学が自覚的に成立していることである。

(3) ルターによると「死はわたしたちの本性の内気ゆえに、また死が時宜をえないであまりにも凝視されたり考えられたりする場合に、その力と強さとを発揮する」(本書一七〇頁)。この脅えやすい臆病な本性は神の前に立つ良心である。「それに加勢するのがわたしたちの良心の弱さであって、良心は神の前で恥じ、身の毛のよだつような罰を受ける。そのところで悪魔は探していた蒸し風呂を見つけだす」（本書一七〇頁）。良心は神の前に立つ自己意識であるが、脅えやすい本性のゆえに自己を糾弾すると、これが悪魔にとって格好の蒸風呂という拷問と責苦の場所となる。罪責意識がこうして増大するが、これは罪が「良心において負っている重荷」（**eyn schwere last seiner burden yn seynem gewissen** 本書一八〇頁）である。罪は良心において重い罪責意識となる。だが、ルターの死生観で見たように死を生に、罪を恩恵にかかわらせて見るとき、良心は慰められる。罪責意識は「やましい良心」であり、これが慰められるのは人間の主体を超えた「良心の外」なる可視的サクラメントであり、サクラメントによって良心へとキリストが啓示される。

試練を受けた良心が自己を超えたサクラメントの客観的確実性の中で示されるキリストによる慰めを見いだすのは、他ならぬキリスト自らが試練を受け、死・罪・地獄の像を生命・恩恵・天国の像へと、すなわち神の怒りから神の恩恵へと試練を通して転換させているからである。キリストをこのように試練に合わせたのは神であり、神はわたしたちの試練をキリストに移し、キリストにおいて試練を克服する道を開きたもうた。

ここにルター神学の最も深い根源が見られる。それは神学的反省以前の生と死の問題にかかわっており、人間的な生への意志を決定的に試練へと導く根源的力の経験であって、この根源的なる力はキリストにおいて神の愛となって現われている。ルターの神学はそのような試練を受けた良心の場において展開する。そこでは試練の主体的経験を通して、自己を超えて自己にかかわるキリストの中に生命を発見することが生じている。試練は自己を超越していてしかも自己に生命としてかかわりきたる永遠者との関係を開示する。それゆえ試練は「超越的」範疇である。この超越についてこう語られる。「あなたをただキリストの中に求め、あなたのうちに求めないようにしなさい。そうすれば、あなたは自分をキリストのうちに永遠的に見いだすであろう」(**suche dich nur in Christo und nit yn dir, so wirstu dich ewiglich yn ihm fnden.** 本書一七八―七九頁)。このようにして、試練を受けた良心にしてはじめてキリストのみ(**solus Christus**)の新しい神学の立場を確立するのである。

(4)「死の技術」(**ars moriendi**)との関係。一五一九年に書かれた慰めの書を検討してみると、ルターにおいて試練を受けた良心に対しキリストがいかに大いなる慰めを与えるものであるか明らかになった。「死の省察」(**meditatio mortis**)という中世において行なわれて来た伝統を(これはプラトンが『パイドン』で語っている「哲学は死の学びである」という考えから発展してきたものであるが)ルターはキリストの受難の省察として把捉し、良心における死の試練の状況の中からキリストの死を自己のものとなし、キリストとの交わりにおいて神の恩恵の下に立つ死から生への転換を説いた。そこ神の恩恵のわざは試練を受けた良心においてキリストとの交わりを通して反復して現象する。そこにはもはや自己の功績を主張するなにものも残っていない。「キリストのみ」は「恩恵のみ」（sola gratia）である。死を生にかかわらせて見、罪を恩恵にかかわらせて見るルターの基本的姿勢はこの恩恵によるのみの徹底した信仰的態度の現われであって、死・罪・地獄の試練は生命・恩恵・天国の福音の恩恵からのみ把握される。この恩恵はサクラメントの客観的確実性によって保証されているとルターは見ているが、この客観性の主張は、その背景として試練の否定性が人間の自律的主体性を絶滅させ無に帰していることからのみ理解すべきである。自己になんら存立の拠点をもたないにもかかわらず、なお人間が自己を確立しうる唯一の可能性はキリストに示された神の恩恵を信頼する信仰のみである。これは信仰によるしか人間に生きる可能性がないという意味であって、自己主張としての信念ではない。ここに「信仰によるのみ」（sola fide）の宗教改革的神学の出発点がある。このような solus Christus, sola gratia, sola fide においてルターの新しい神学の形成が見られる。

ヘルムート・アペールは『中世後期とルターにおける試練と慰め』という研究において、ルターの初期思想と神秘主義、後期スコラ神学、さらに「死の技術」との関連を解明している。[2] アペールは「死の技術」とルターの関連を強調し、ルターはこの説教に見られたように死の時を最も激しい試練と見る点、また神秘主義と違って霊的試練のみならず不信仰、疑い、恥辱、悪徳などの試練についで語っている点に「死の技術」との関連があり、試練を克服する手段としてサクラメントやキリストの十字架像を用いていること、試練の戦いを抽象的に語らず、「死の技術」が木版画に見られる対立する絵姿で示すのとルターの死・罪・地獄……生命・恩恵・天国が「像」（Bild）として述べられていることとの関連性、さらに両者とも神と悪魔との戦いを述べながらも、そこに教義学的思想がないこと、そして最も近い関連は両者とも死の時に功績の教えを語らず、神の恩恵のみに依っている点に見られること、このような関連が両者のあいだに存在していることを指摘している。アペールがあげているこの最後の共通点は当時の思想傾向からは逸脱しているが、新しい思想を導き出しており、それはルターの先達になっていなくとも、同時に併発しているので、両者は道連れ（Wegbegleitung）になっていると彼は説いている。[3]

神秘主義と「死の技術」とがルターの思想といかなる関係に立っているかという問題を詳しく検討する余裕はないが、ルターはキリストのみの新しい中心思想から神秘主義と「死の技術」を批判的に摂取し、改造しているといえよう。アペールも「新しい神学」の関心が試練を受けた良心の慰めにある点を力説している。[4]

終わりに翻訳で用いたテキストと邦訳をあげておきたい。テキストは Ein Sermon von der Bereytung zum Sterbenn, 1519, in ; Luthers Werke in Auswahl, hrsg. von Otto Clemen, Erster Band, 1950, SS.161-173 を用い、難解の箇所は次の近代ドイツ語訳によって訳出した。Martin Luther, Theologie des Kreuzes. Die religiösen Schriften, hrsg. von Georg Halbig, 1932. 邦訳は何種類もあるが、とくに福山四郎訳「死への準備についての説教」ルター著作集、聖文舎、第一集、第一巻、一九六四年を参照して教えられるところが多かった。

（1） H. Bandt, Luthers Lehre vom verborgenen Gott, 1958, S. 72f.

（2） エックハルト、ゾイゼ、タウフー、『ドイツ神学』と続くドイツ神秘主義の系譜において苦難や試練が霊的人間の形成にとって重要な意義をもっているが、神との神秘的合一という究極目的のためキリストが軽く触れられるか、模範として説かれ、さらに苦難や試練の存在自体が不完全性の残滓と考えられている。また神の怒りが説かれていても神秘主義においては人間の全体に対する現実的敵視ではなく、低次の能力に対する敵視にすぎず、「内的人間」が苦難を受けているにしても根底的には内的人間自身には達しない。だからタウラーの言う「神の追跡」（Jagd Gottes）などはルターに比べると遊戯にすぎないと説いている（Helmut Appel, Anfechtung und Trost im Spätmittelalter und bei Luther, 1938, S.10-21,130）。

（3） H. Appel, op. cit., S. 112ff.

（4） 「苦悩する良心に慰めをもたらすこと、従来提供された慰めがルター自身において不十分かつ損なわれていたことが判明したのち真正で有効な慰めをもたらすこと、これこそルターがその戦いで追求したもの、彼を遂に教会の刷新者となし、さらにローマ教会組織の統一を解体させたものにほかならなかった。ルターの戦闘的文書と学問的著作の多くが、牧会的奉仕のかかる意図からどんなに遠のいているように思われても、その文書のすべてはこの奉仕のために生じているのである。アウグスブルク信仰告白の信奉者も、〈新しい〉神学の関心事は、戦慄した良心を従来の信仰の原理から可能であったよりも一層よく慰めること以外の何ものでもないことを何度も反復して告白している」（H. Appel, op. cit., S. 126）。

金子 晴勇（かねこ・はるお）

昭和7年静岡県に生まれる．昭和37年京都大学大学院文学研究科博士課程修了．立教大学，国立音楽大学，岡山大学，静岡大学を経て，現在聖学院大学大学院客員教授，岡山大学名誉教授，文学博士（京都大学）

〔著訳書〕『愛の思想史』『ヨーロッパの人間像』『人間学講義』『アウグスティヌスとその時代』『アウグスティヌスの恩恵論』（以上，知泉書館），『ルターの人間学』『アウグスティヌスの人間学』『マックス・シェーラーの人間学』『近代自由思想の源流』『ルターとドイツ神秘主義』『倫理学講義』『人間学—歴史と射程』（編著）（以上，創文社），『宗教改革の精神』（講談社学術文庫），『近代人の宿命とキリスト教』（聖学院大学出版会），アウグスティヌス『ペラギウス派駁論集Ⅰ，Ⅱ，Ⅲ，Ⅳ』，『ドナティスト駁論集』『キリスト教神秘主義著作集2 ベルナール』（以上，教文館）ほか

〔生と死の講話〕　ISBN978-4-86285-013-3

2007年6月25日　第1刷印刷
2007年6月30日　第1刷発行

著者　金子晴勇
発行者　小山光夫
製版　野口ビリケン堂

発行所　〒113-0033 東京都文京区本郷1-13-2
電話 03(3814)6161 振替00120-6-117170
http://www.chisen.co.jp
株式会社 知泉書館

Printed in Japan　印刷・製本／藤原印刷